D1998046

Kohlhammer

Praxiswissen Bildung
Herausgegeben von
Peter J. Brenner

Johannes Jung

Schülerleistungen erkennen, messen, bewerten

Verlag W. Kohlhammer

Umschlagmotiv: © Anja Greiner-Adam – Fotolia.com
Gesamtherstellung:
W. Kohlhammer Druckerei GmbH + Co. KG, Stuttgart

ISBN 978-3-17-022180-2

Inhalt

1

Einleitung und Problemaufriss

Leistungserhebung und Leistungsbewertung gehören traditionell zu den Grundaufgaben und Kernbereichen des öffentlichen Schulsystems, wobei diese Funktionen zeitweise in den Bildungsdiskursen von anderen Schwerpunktsetzungen an den Rand der öffentlichen Wahrnehmung gedrängt wurden. Aktuell wäre hier das Ringen um eine inklusive Schule, die Fokussierung auf die veränderte Kindheit und die damit vermeintlich wachsende Heterogenität und der stärkere Einbezug sozialerziehlicher Momente durch den Ausbau der Ganztagsschulen zu nennen. Allerdings stehen diese anderen Aufgaben und Zielsetzungen fast unausweichlich in engem Zusammenhang mit Fragen der Leistungsfeststellung und -bewertung oder haben zumindest deutliche Auswirkungen auf diese, so dass der Komplex Leistung als pädagogisches Alpha-Thema sich ebenso beharrlich wie prägend durch die Bildungslandschaft zieht. Spätestens seit dem Ende der 1990er Jahre sind Leistungsfähigkeit und Leistungserziehung zweifellos ebenso zentrale wie umstrittene und vieldiskutierte Themenbereiche in der (Grund-) Schule, und das nicht erst seit den großen, internationalen Bildungsvergleichsstudien wie TIMSS (1997), PISA (ab 2000) und IGLU (ab 2001, international als PIRLS bezeichnet), welche die Leistungsfähigkeit oder zumindest den messbaren Kompetenz-Output des deutschen Schulwesens einer kritischen Analyse unterzogen.

Da Leistungsfeststellung und Leistungsbeurteilung sowohl dem gesellschaftlichen wie auch dem pädagogischen Auftrag der Schule zu genügen haben, bergen die daraus resultierenden Diskussionen zwangsläufig eine entsprechend emotionale Aufladung und Vehemenz, die oftmals lediglich eine überpointierte und konfrontative Parteinahme pro oder contra soziale Leistungsvergleiche zu ermöglichen scheinen. Gerade die Auseinandersetzung um Noten oder Verbalbeurteilungen wird oft mit außerordentlicher Schärfe geführt, wobei der Verzicht auf Ziffernnoten beinahe automatisch zum pädagogischen Qualitätskriterium für reformorientierte oder alternative Schulen erhoben wird. Aber auch der Versuch, sich diesen mitunter plakativen und oberflächlichen Frontstellungen zu entziehen und stärker grundsätzliche Möglichkeiten und Konsequenzen von Leistungsbewertung aufzuzeigen, bleibt möglicherweise brisant genug.

Dennoch ist es Anliegen dieses Bandes, vor dem Hintergrund eines denkbar weit gespannten Argumentationshorizonts zu einer Versachlichung und Fundierung der Diskussion beizutragen. Dafür wird zunächst eine Einbettung in den langwierigen historischen Entstehungsprozess und die aktuelle gesellschaftliche Bedeutung des Leistungsprinzips vorgenommen werden, um dessen Auswirkungen auf die mitunter ein wenig politik- und gesellschaftsabstinent positionierte Schulpädagogik besser verstehen zu können. Gerade die Fülle unterschiedlichster „Leistungen", die eine pluralistische und hochdifferenzierte Gesellschaft verlangt und honoriert, bringt für die Schule mit ihrem Anspruch auf Lebensnähe und Alltagsrelevanz eine Vielzahl zusätzlicher Herausforderungen, bedenkt man dem gegenüber den überschaubaren Rahmen der tradierten Fächer und der traditionellen Lehr- und Bildungspläne. Dies gilt besonders für die Grundschule als der für alle verbindlichen, ersten und gemeinsamen Schulstufe, in der die Orientierung an den lebensweltlichen Erfahrungen und Anforderungen einen ganz zentralen pädagogischen und didaktischen Bezugspunkt darstellt (vgl. Fölling-Albers 2008).

Aus diesem Anspruch heraus ergibt sich die Schlussfolgerung, eine umfassende Darstellung und Analyse des pädagogischen Leistungsbegriffes mit allen Folgerungen und Konsequenzen anzugehen. Dies scheint notwendig, da die mit der pädagogischen Leistungsbewertung eingeforderte Ganzheitlichkeit und Orientierung am einzelnen Individuum und seinen je eigenen Leistungsprozessen in der Komplexität ihrer Auswirkungen noch kaum überschaut und nur in Ansätzen empirisch beforscht worden ist.

Die ersten sechs Kapitel des Buches gelten also eher grundsätzlichen Überlegungen und Darstellungen, bei denen die Entstehung und Bedeutung des Leistungsbegriffes und der Zusammenhang mit schulischen Aufgaben und Lernsituationen durchleuchtet werden soll, wobei die konkreten Auswirkungen auf das Bildungswesen gleich mit in den Blick genommen werden müssen.

In den folgenden Kapiteln werden dann noch konkreter gleichsam die schul- und unterrichtspraktischen Konsequenzen aus diesen theoretischen Grundlagen gezogen und die Folgen für das schulische Alltagshandeln in Lern- und Leistungssituationen erläutert. Hier geht es um Gütekriterien und Maßgaben für Tests und Leistungserhebungen und ihre Umsetzung in verschiedenen Formen und Möglichkeiten der Leistungsbewertung in Regel- und Reformschulen. Dabei sollen auch die seit langem bekannten Mess- und Beurteilungsfehler und Probleme noch einmal gebündelt vorgestellt werden, jedoch ohne eine argumentative Beschränkung und Engführung auf die Mängel der üblichen Ziffernbenotung vorzunehmen. Innovative Rückmeldungsmodelle wie Lernentwicklungsberichte, Selbstbeobachtungsbögen oder Portfolios, die ja an Alternativ- und Reformschulen bereits seit Jahrzehnten Verwendung finden, werden vorgestellt, diskutiert und nach ihrem Potenzial untersucht. Die Kernfrage nach Praktikabilität und Nutzen im Regelschulalltag soll dabei erkenntnisleitend sein. Das Hauptaugenmerk wird sich dabei immer wieder auf die Grundschule richten, da sich hier, in der Initiationsinstitution des Bildungswesens, also der ersten, verpflichtenden und gemeinsamen Schule für alle Schüler, die Schwierigkeiten und Anforderungen einer pädagogischen Leistungserziehung für Lehrkräfte wie Schulanfänger besonders nachdrücklich und prägend konkretisieren.

Konsequenterweise gilt es deshalb in dem abschließenden Teil des Buches zum einen Handlungsalternativen für die Beurteilungspraxis aufzuzeigen, die den vielfältigen und teilweise divergenten Anforderungen zumindest in Ansätzen zu genügen vermögen, zum anderen einen möglicherweise relativierenden Ausblick über die Grenzen des Leistungsanspruchs hinaus zu wagen.

2

Geschichte und Genese des Leistungsprinzips

Zu den fundamentalen Notwendigkeiten jeder modernen, d. h. arbeitsteiligen, pluralistischen, mobilen und dynamischen Gesellschaft gehört ein allgemein akzeptables Grundprinzip für die Besetzung gesellschaftlich differenter und damit oft auch hierarchisierter Positionen und Funktionen. Lediglich in Gesellschaften oder Gemeinschaften, die sich selbst als vollkommen egalitär und kommunitaristisch verstehen, kann auf eine derartige Zuweisung zumindest kurzzeitig verzichtet werden. Allerdings sind selbst die Versuche einer weitgehend hierarchiefreien und gleichrangigen Gesellschaftsordnung in den meisten Fällen eher kurzlebige Versuche geblieben oder beschränken sich auf tendenziell überschaubare Sozietäten. Auch der interessanten Idee, öffentliche Ämter und Führungspositionen vollkommen unabhängig vom Können und Vermögen der Personen einfach durch Losentscheid besetzen zu lassen, wie im antiken Athen des 5. vorchristlichen Jahrhunderts üblich, war aus nachvollziehbaren Gründen kein dauerhafter Erfolg beschieden (vgl. Reble 1975, 23).

Etwa bis zur Zeit der Französischen Revolution, also ungefähr bis zur Wende des 18. zum 19. Jahrhundert, wurden die jeweils erforderlichen gesellschaftlichen Positionen in erster Linie nach den traditionellen Maßgaben des Geburtsstandes bzw. nach der Zugehörigkeit zu bestimmten Schichten oder Berufsgruppen vergeben. Diese Positionierungsmechanismen wurzeln in der Lehnspyramide und dem ausdifferenzierten Ständewesen des ausgehenden Mittelalters, das sich etwa in den klar geregelten Zunftordnungen einen elaborierten Ausdruck gab. Diese statische Gesellschaftsordnung lässt sich bis in die frühneuzeitliche Standesgesellschaft stringent weiterverfolgen, wo das Überwinden der Standesgrenzen über Jahrhunderte hinweg das Grundmotiv literarischer Dramatik (exemplarisch in Schillers „Kabale und Liebe“) zu liefern vermochte. Wie dieses klassische Beispiel zu illustrieren vermag, blieben die fixen Grenzen und festgefügten Ordnungen der umrissenen Gesellschaftsstruktur in aller Regel unüberwindbar, so dass das Zerbrechen an ihnen zum festen Topos in der Selbstdefinition des entstehenden Bürgertums wurde. Nur in den wenigsten Ausnahmefällen, wie beispielsweise bei Künstlern wie Tilman Riemenschneider oder bei der Regensburger Bürgerstochter Barbara Blomberg, der Geliebten Karls V. und damit der Mutter von Don Juan de Austria, konnten die Separationsmechanismen dieser statischen Gesellschaft durch geschickte Einheirat, Schönheit oder herausragende Tüchtigkeit zumindest zeitweilig außer Kraft gesetzt werden. Im umgekehrten, also privilegierten Falle behielt aber auch noch Mitte des 18. Jahrhunderts ein offensichtlich gemütskranker und damit vollkommen leistungsunfähiger Regent wie Christian VII. von Dänemark zumindest formal seine angeborene und ererbte Königsmacht in Händen (vgl. Jung 2005).

Das gesamte Schul- und Bildungswesen konnte dementsprechend bis weit ins 19. Jahrhundert von der gesellschaftlichen Positionszuweisung weitgehend abgekoppelt bleiben. Seit dem Beginn des 18. Jahrhunderts bestand zwar vielerorts eine offizielle, regional zudem sehr unterschiedlich ausgeprägte Unterrichtspflicht, die jedoch aus pragmatischen Gründen kaum überwacht oder durchgesetzt werden konnte, so dass der Erwerb von Bildung eher als persönlicher Luxusartikel oder repräsentatives Standesprivileg in den allermeisten Fällen eine reine Privatsache blieb. Ein höheres Bildungsniveau war oft auch nur durch die nicht unproblematische Anstellung von Hauslehrern zu erreichen.

Die Abgangszeugnisse der Schulen wurden daher normalerweise nicht als graduell unterschiedliche Leistungsnachweise im heutigen Sinne verstanden, sondern ermöglichten eher als Benefizienzeugnisse ihrem Besitzer die Inanspruchnahme von bestimmten mildtätigen Sachleistungen. Dazu zählte vorzugsweise das Gastrecht am Freitisch eines wohlhabenden Bürgers, das die kostenlose Nahrungsversorgung begabter Schüler gewährleisten sollte (vgl. Breitschuh 1993).

Allerdings zeichnet sich gerade bei den letztgenannten Beispielen schon ein Wandel in den gesellschaftlichen Grundvorstellungen ab. Montesquieu und Rousseau entwickelten die Idee eines abstrakt gedachten Gesellschaftsvertrags zwischen grundsätzlich gleichwertigen Individuen, der die staatliche Macht beschränken und konstitutionell einbinden sollte. Diese neuen Vorstellungen mussten die konventionellen Standesgrenzen zwangsläufig ignorieren, fanden jedoch im Umfeld des (aufgeklärten) Absolutismus zunächst nur einen geringen Niederschlag, um aber schließlich in der bekannten Trias der französischen Revolution von liberté, égalité, fraternité umso radikaler zu explodierten. Gerade die postulierte Gleichheit („égalité“) fegte die überkommenen Privilegien und die herausgehobene Stellung des Geburtsadels zur Seite und formulierte damit eine der großen und zentralen Verheißungen der Moderne: Das Versprechen nämlich, dass jeder Mensch, unabhängig von Herkunft und Stand, je nach seiner persönlichen Tüchtigkeit einen unabweisbaren Anspruch auf jede Stelle und jede Position im Staat erwerben könne. Dass nach der amerikanischen Unabhängigkeitserklärung 1776 gleichsam ein greifbares Modell für dieses Versprechen in den politischen Wahrnehmungshorizont trat, verlieh dieser Idee sicherlich eine zusätzliche Attraktivität und Durchschlagskraft.

Diese eher ideengeschichtlichen Entwicklungen und Verwerfungen wurden zudem flankiert von pragmatischen Forderungen, die sich aus der beginnenden Industrialisierung und Modernisierung gegen Ende des 18. Jahrhunderts in Europa ergaben. Beispielsweise erfolgte die preußische Heeresreform 1806/14, die bürgerlichen Kandidaten gegen den erheblichen Widerstand des Adels nach der katastrophalen Niederlage gegen Napoleon zum ersten Mal die Offizierslaufbahn ermöglichte, auch aus der schlichten Einsicht heraus, dass nur die tüchtigsten und leistungsfähigsten Militärführer auch erfolgreich im Felde stehen würden.

Ganz ähnlich utilitaristisch konnte die ökonomische Argumentation der Manufakturen und Industrieunternehmen gelesen werden, die mit der beginnenden Globalisierung, der Konkurrenz um Standorte und Ressourcen, ein Betätigungsfeld für den Wettbewerb der fähigsten (oder auch nur der durchsetzungsfähigsten) Köpfe bereitstellte. Entsprechend leistungsorientiert und funktionalisiert wurde dadurch das gesamte Bildungswesen, das mit der flächendeckenden Durchsetzung der Schulpflicht zum Verteilungsprinzip für gesellschaftliche Positionen wurde. Diese Funktionalisierung stellte natürlich dann im Folgenden nur noch ein Zerrbild des in der deutschen Klassik etwa von Goethe oder Humboldt formulierten (Selbst-)Bildungsideals dar. Schulzeugnisse, die zunächst nur Nachweise für überhaupt erfolgten Schulbesuch gewesen waren, wurden jetzt zur Zugangsberechtigung für bestimmte Aufstiegsberufe wie das Theologie-, Jura- und Medizinstudium oder die militärische Karriere und die höheren Beamtenlaufbahnen.

Mit Blick auf das bürgerliche 19. Jahrhundert lässt sich resümierend festhalten, dass sich während dieses Zeitraumes das Leistungsprinzip in der Gesellschaft etabliert und durchgesetzt hatte und die Platz-, Rang- und Positionszuweisungen prinzipiell davon abhängig gemacht wurden, was das einzelne Individuum zu leisten vermochte; der Aufstieg der sogenannten „Industriebarone, Eisenbahn- und Stahlkönige" (!) aus bürgerlicher Herkunft an die Spitze der gesellschaftlichen Hierarchie macht auch bereits mit der Betitelung die Ablösung des alten Geburtsadels überdeutlich.

Dem Leistungsprinzip wurden dadurch zwei Hauptfunktionen zugewiesen. Als Erstes gewährleistete es die Selektion der Tüchtigsten im Dienste einer optimalen Reproduktion, Erhaltung und Weiterentwicklung von Staat und Gesellschaft, als Zweites ermöglichte es jedem Staatsbürger, als eines der großen Versprechen der Moderne, die individuelle Höherpositionierung bzw. Selbstverwirklichung durch persönliche Leistung.

Die Industriegesellschaft und der demokratische Wandel erforderten als emanzipatorisches Prinzip also das Leistungsprinzip als Ersatz für das Geburtsprinzip; d. h. der jeweils Tüchtigste für eine bestimmte Position sollte darauf den ersten Anspruch haben. Allerdings geriet durch die Wahl des Bildungsabschlusses zur Verteilungsinstanz dieser auch zum Abschottungsinstrument der Bourgeoisie gegenüber dem nachdrängenden vierten Stand, dem Proletariat, welches die durch das Bürgertum festgelegten Bildungsinhalte und Ziele, also etwa die Beherrschung der alten Sprachen Latein und Griechisch, kaum erreichen konnte (vgl. Klafki 1994). Die Etablierung des Leistungsprinzips lässt sich also, wie Urbanisierung und Individualisierung, als eine der unausweichlichen Folgeerscheinung der Industrialisierung und der Demokratisierung der Gesellschaft im 18. und 19. Jahrhundert identifizieren.

> „Die moderne Industriegesellschaft bedurfte eines funktionalen und zweckrationalen Verteilungsprinzips für Berufs- und Lebenschancen sowie für Besitz, Einfluss und Macht, das höchste Effektivität und Mobilität ermöglichte. Dazu war eine weitgehende Ablösung der Verteilungschancen von sozialer Herkunft und von Privilegien der Geburt unabdingbar, welche im Mittelalter und in der Frühen Neuzeit die gesellschaftliche Position bestimmten" (Sacher 2001, 219).

Die Orientierung an objektiv feststellbaren Leistungen schaffte zumindest grundsätzlich die Möglichkeit für Chancengleichheit und Chancengerechtigkeit. Die soziale Positionierung wurde unumkehrbar aus dem Erbhof der Geburt gelöst, so dass nicht die zufällige Abstammung die weiteren Lebenschancen bestimmte. Es konstituierte sich stattdessen vielmehr nun die nach wie vor gültige Grundüberzeugung des „modernen" Menschen, dass jedermann seinen Lebensweg selbst in die Hand zu nehmen vermöge und dass damit eben auch jeder, um mit Gottfried Keller zu sprechen, zum Schmied seines Glückes werden könne. Der eher schicksalhaften oder religiösen Fremdbestimmung, aber auch der Einbindung in überindividuelle, große Menschheitserzählungen von kollektiver Führung und Erlösung, sollte damit der Boden entzogen werden. Mit diesem Vertrauen auf die eigene Leistung, die aber auch eine Verpflichtung zur Leistungswilligkeit mit einforderte, formierten sich die inzwischen vertrauten Formen der eigenen Selbstverwirklichung und Selbstbestimmung und gehörten fortan zum Kern des neuzeitlichen Bildungsverständnisses.

Mit dieser emanzipatorischen Selbstverpflichtung zu Tätigkeit, Tüchtigkeit und Leistung kommt ein zusätzliches entscheidendes Moment der Moderne ins Spiel und man versteht nur dann angemessen, warum die Vergabe von Lebenschancen an das Erbringen von Leistungen geknüpft wird, wenn man sich der Bedeutung der Arbeit für das neuzeitliche Selbst- und Weltverständnis bewusst wird (vgl. Fischer 1987). Die Hochschätzung der Arbeit beginnt ja bereits mit dem Aufschwung der Städte im 12./13. Jahrhundert. Reich und mächtig gewordene Handwerker und Kaufleute stellten das Lob eines tätigen und arbeitsamen Lebens in den Vordergrund. Bis weit ins 19. Jahrhundert hinein prägte dieses allumfassende Arbeitsethos die Entwicklung der europäischen Zivilisation, die sich als Arbeits- und Leistungsgesellschaft definiert, auch wenn damit keineswegs die Restriktionen einer ständischen Gesellschaft außer Kraft gesetzt wurden. Viele der heute ja wieder vermehrt eingeforderten Sekundärtugenden wie Fleiß, Anstrengungsbereitschaft, Sorgfalt, Gründlichkeit, Pünktlichkeit, Zuverlässigkeit, Sparsamkeit und Ordnungsliebe werden dementsprechend als die klassischen bürgerlichen Tugenden definiert. Für ein sittlich erstrebenswertes und damit sowohl persönlich wie auch gemeinschaftlich sinnerfülltes Arbeitsleben war dieser Tugendkanon von zentraler Bedeutung und wurde daher auch im Bildungswesen als Summe der erforderlichen Charaktereigenschaften erzieherisch institutionalisiert (vgl. Bollnow 1947).

Für den Bildungsbereich ist dabei die Transformation eines gesellschaftlich-ökonomischen Kontextes auf die Ebene des Subjekts und damit dessen Verinnerlichung interessant. Das Arbeitsleben wartet nicht nur mit bestimmten zweckgebundenen Anforderungen auf. Die Struktur der Arbeit wird zugleich übertragen auf die innere Einstellung und damit gleichsam von innen heraus legitimiert: Galt in der griechischen und römischen Antike Arbeit als etwas Negatives, das mehr Sache der unfreien Sklaven war, so wird Arbeit in der Moderne zum Sinn des Daseins. Unterstützt wird dieser Anspruch durch religiöse Interpretationen des Arbeitsbereiches. So ergibt sich nach der jüdisch-christlichen Tradition die Arbeit aus einem göttlichen Auftrag. Seit der Mensch aus dem Paradies vertrieben wurde, muss er im Schweiß seines Angesichts hart arbeiten und mühsam um seinen Lebensunterhalt kämpfen. Die eigentliche Bewährung liegt in der Anerkennung dieser Fron (vgl. Jung & Nießeler 2011).

Mit der calvinistisch-puritanischen Prädestinationslehre wird dieses Arbeitsethos zum elaborierten Sinngefüge einer systematisch-rationalen Lebensführung ausgestaltet. Fleißiges und anstrengungsbereites Arbeiten, die pflichterfüllte Hingabe an Aufgabe und Beruf, die Überwindung der eigenen Neigungen und Laster durch ein arbeitsames Leben gelten als Ausdruck persönlicher Leistungsbereitschaft zum Zeichen der Bewährung. Max Weber hat diesen Zusammenhang der protestantischen Ethik mit dem Geist des Kapitalismus bekanntlich in seiner stilbildenden Sozialforschung aufs Genaueste analysiert und die Maxime dieser Einstellung herausgearbeitet: Nur wer in seinem Leben viel geleistet hat, hat sich die Vergebung seiner Sünden verdient. Man muss also, stark verkürzt gesagt, fleißig arbeiten, will man von der Erbsünde freikommen, und je erfolgreicher man offensichtlich ist, desto mehr hat man sich als tauglich erwiesen (vgl. Weber 1934, Originalausgabe 1904/05).

Bei jeder Diskussion um Leistung und Leistungsgesellschaft ist es m. E. unerlässlich, diesen sozialhistorischen Hintergrund im Auge zu behalten, da nur so dieser Verkehrsregelungsgrundsatz verständlich wird.

3

Das Leistungsprinzip als gemeinsames und individuelles Fundament pluralistischer und demokratischer Gesellschaften

Die im vorhergehenden Kapitel umrissene geschichtliche Entstehung des Leistungsprinzips als inzwischen weitestgehend unbestrittenem Verteilungsschlüssel für Lebens- und Partizipationschancen könnte den Eindruck einer simplifizierenden, eindimensionalen und ausschließlich auf die Erfordernisse einer modernen Gesellschaft ausgerichteten Begründung erwecken. Allerdings lassen sich neben dieser eher gesellschaftstheoretisch und soziologisch munitionierten Fundierung für die Etablierung des Leistungsprinzips in den westlichen Industriegesellschaften auch noch viel umfassendere Begründungsperspektiven anführen und aufzeigen, die gleichsam zu allen Zeiten und überall das Verhältnis des Menschen zu Leistung und Leistungsfähigkeit bestimmten. Das Streben nach Leistung kann nämlich durchaus als eine über gesellschaftliche und historische Grenzen hinausweisende anthropologische Konstante angesehen werden. Dies bedeutet im Kern nichts anderes, als dass wir, in unserer Verfasstheit als Menschen, gar nicht anders können als immer Leistungen erbringen zu wollen und zu müssen und dass jeder Mensch mit diesen Leistungen und realisierten Fähigkeiten auch seine eigene Identität erhalte (vgl. Rehle & Thoma 2003, 222).

Eng damit verwandt ist auch die Einschätzung bei Edward Deci und Richard Ryan, die die Erfahrung des eigenen Könnens und der eigenen Leistungsfähigkeit als anthropologisches und entwicklungspsychologisches Grundbedürfnis bezeichnen (vgl. Deci & Ryan 1993). Dieses Grundbedürfnis mündet in ein jedem Menschen eigenes Streben nach dem Erleben von Kompetenz und Selbstwirksamkeit. Die moderne Anthropologie, aber auch die pädagogische Psychologie gehen daher davon aus, dass Arbeit, Anstrengungsbereitschaft und Leistung wesensnotwendig zum Menschsein gehören, also bereits lange vor der gesellschaftlichen Etablierung des Leistungsprinzips als Verteilerschlüssel für Aufstieg und Erfolg zu den treibenden Grundmomenten menschlichen Handelns gehört haben müssen (vgl. Wulf 2001, 103 ff.).

Diese anthropologische Einschätzung leitet sich aus der Erkenntnis ab, dass sich schon sehr früh in der Stammesgeschichte das menschliche Handeln zumindest streckenweise von den natürlichen Zwängen zu befreien vermochte, dass also nicht nur momentane Bedürfnisse und spontane Instinkte das Verhalten steuerten, sondern Reflexion, Planung und Kultivierung hinzutraten. Dies bedeutete eben auch, dass das im Grunde zwanghafte, instinktiv vorgegebene Verhalten zur aktuellen Bedürfnisbefriedigung ergänzt und abgelöst wurde von einem System planvollen und entscheidungsoffenen Handelns, das zwar lebenswichtige, aber nicht festgelegte Leistungen erforderlich machte und zur Gestaltungsfähigkeit der natürlichen Lebensräume befähigte. Um es denkbar konkret zu illustrieren: Die Entscheidung, wie viele und welche Vorräte für den Winter zu sammeln wären und auf welche Weise sie geschützt und aufbewahrt würden, war eben ab einem bestimmten Entwicklungsstand nicht mehr wie bei einem Eichhörnchen ausschließlich trieb- und instinktgesteuert, sondern wurde an die Leistungsfähigkeit und Leistungsbereitschaft der jeweiligen Gruppe und ihrer einzelnen Mitglieder gebunden. Dazu kamen die Möglichkeiten, gleichsam zusätzliche Leistungen künstlerischer oder religiöser Art zu erbringen, Schmuck, Grabbeigaben, Zierformen, die als nicht lebensnotwendig und von den Erfordernissen des Augenblicks befreit erscheinen, aber so etwas wie einen kulturellen Mehrwert bedeuteten und durch diese Überformung und Modifizierung der natürlichen Gegebenheiten zur Herausbildung einer eigenen Identität beizutragen vermochten.

Der Mensch ist also seit seinen Anfängen als Kulturwesen bereits seiner ursprünglichen Natur einerseits entfremdet, andererseits davon auch befreit. Er kann nicht mehr im unmittelbaren Einklang mit der Natur leben, was auch immer das auch jemals geheißen haben mag, sondern muss diese natürliche Umgebung bestellen, verändern, bearbeiten und zu seinem Nutzen kultivieren. Dieses Verändern, Gestalten, Überformen ist ebenso unausweichlich wie selbstverantwortlich, es erfordert in jedem Falle zumindest die Leistung einer Entscheidung für ein bestimmtes Handeln. Ein Rückzug in die paradiesische Natürlichkeit, in dem sich im Einklang mit der eigenen Natur und ihren unschuldigen Bedürfnissen die Frage nach dem Gut oder Böse der eigenen Leistung, des Tuns oder Lassens nicht stellt, ist damit unmöglich geworden. Diese Feststellung mit ihrer Absage an Ganzheitlichkeit und Natürlichkeit sei vollkommen wertneutral verstanden. Dementsprechend ist im pädagogischen Zusammenhang auch „Bildung“, gerade mit dem Blick auf Leistungserziehung und Leistungswilligkeit, nichts naturhaft Vorhandenes, sondern etwas, was gleichsam erarbeitet und bejaht werden muss. Ihrem grundlegenden Anspruch gemäß kann Bildung gesehen werden als die Arbeit des Menschen an seiner Bestimmung, d. h. als Selbstbestimmung durch Selbst-Bildung, als der Versuch, sich selbst nicht als zufällig und natürlich Entstandenes zu sehen, sondern sich eigentätig und eigenschöpferisch eine Form und ein Bild zu geben, wie es etwa in der Bildungstheorie Wilhelm von Humboldts zum Ausdruck kommt (vgl. Benner 1990).

Das Erbringen und Taxieren von sozial erwünschter und anerkannter Leistung scheint damit zur unvermeidlichen Mitgift des Menschlichen zu gehören, zur wesenhaften Grundausstattung der reflexions- und planungsfähigen Kreatur Mensch. Diese anthropologische Konstante, die jeden Menschen als leistungsfähiges und leistungsbereites Wesen erscheinen lässt, tritt bei der pädagogischen Begründung der Leistungserziehung aus allgemeiner und systematischer Perspektive flankierend neben die beiden anderen argumentativen Gesichtspunkte, dass Leistung zum Einen der optimalen Reproduktion der Gesellschaft diene und zum Anderen eine individuelle Höherpositionierung und Selbstverwirklichung des Individuums ermögliche (vgl. Klafki 1994).

Allerdings wäre eine Leistungserziehung in ihrer konsequenten und ungemilderten, geradezu kulturlos unreflektierten und banalen Form in höchstem Maße unmenschlich. Nach der natürlichen Logik des reinen Leistungsprinzips müsste jeder Schwache, jeder Kranke und Nutzlose als gesellschaftlicher Ballast über Bord katapultiert werden; eine Vorstellung, die in der Geschichte der Menschheit leider immer wieder einmal eine erbärmliche soziale oder literarische Realität angenommen hat.

Das gesellschaftliche Leistungsprinzip wird wegen dieser inhumanen Härten daher durch gleichsam quer dazu liegende Ergänzungsprinzipien aufgehoben, abgeschwächt oder zumindest deutlich modifiziert:

- Durch das Anciennitätsprinzip erfolgt eine Höherpositionierung nach erreichtem Alter, wie es z. B. in den Dienstaltersstufen der Beamtenbesoldung realisiert wird.
- Das eigentlich anachronistische Geburtsprinzip bezieht die Sozialschicht, in welche jemand hineingeboren wird, in die Verteilung der Lebenschancen mit ein und gewährt dementsprechend einen Oberschichtsbonus bzw. Unterschichtsmalus. Über die Entmischungsdynamik unserer Gesellschaft und die Tendenz gerade der deutschen Schule, gesellschaftliche Schichtungen immer wieder zu reproduzieren, ist ja im Zuge von PISA und IGLU gebührend publiziert worden (vgl. Bos et al. 2007).
- Mit dem Loyalitätsprinzip wird eine gewisse Hartnäckigkeit oder treue und ausdauernde Gefolgschaft belohnt. Damit lässt sich beispielsweise erklären, warum etwa langjährige politische Weggefährten oder ergraute Hinterbänkler aus der parlamentarischen Nachrangigkeit in lukrative wirtschaftliche oder öffentliche Positionen aufzusteigen vermögen.
- Das Ideologieprinzip verteilt diese Positionen noch unverblümter nach passendem Parteibuch und konformer Weltanschauung. Dafür lassen sich in allen Diktaturen und Autokratien dieser Welt zahlreiche und überzeugende Beispiele aufzeigen.
- Ergänzend dazu scheint sich inzwischen noch ein genealogisches, an Familienclans oder Volksgruppen orientiertes („tribales") Prinzip herauszuschälen, welches die Mitglieder der eigenen Großfamilie

ungeachtet ihrer Leistung und Fähigkeiten an den entscheidenden Schaltstellen der Macht und zumindest in einträglichen Ämtern positioniert[1].

- Aktuelle Bedeutung gewinnt daneben sicherlich noch ein anderer Verteilungsgrundsatz, den man als Quotierungs- oder Proportionalprinzip bezeichnen könnte. Dies bedeutet, dass neben der Fähigkeit des Einzelnen z. B. auch Ethnie, Geschlecht, Religion nach einem bestimmten Proporz, also der prozentualen Verteilung in der Bevölkerung, berücksichtigt werden[2].
- Das Bekanntheitsprinzip belohnt über die Maßen die Leistungen von Personen, welche im Fokus des öffentlichen Interesses stehen.
- Das Sozialprinzip als Letztes und Wichtigstes verhindert das totale Aussondern und Degradieren der Leistungsunfähigen, indem es jedem Mitglied dieses Sozialgefüges unabhängig von seiner Leistung eine gewisse Grundsicherung seines Lebens zubilligt. Die Bereitwilligkeit, mit der in einer wirklich humanen Gesellschaft auch diejenigen Bürger versorgt und integriert werden, die zu keiner objektiv nützlichen Leistung (mehr) in der Lage sind, prägt unser Dasein und unser Gesicht als Menschen und unterscheidet uns vielleicht am Nachdrücklichsten von allen staatenbildenden Insekten (vgl. Sacher 2001, 220 f.). Aus religiöser Perspektive ließe sich analog dazu das Prinzip der „Gnade“ anführen.

Allerdings bleibt natürlich zu überlegen, ob die hier kurz anskizzierten Prinzipien eventuell teilweise nicht auch Formen von „Leistungen“ darstellen, wie das geduldige Ausharren treuer Gefolgsleute im innerparteilichen Windschatten eines mächtigen Politikers oder die nimmermüden Anstrengungen von manchen Prominenten um mediale Omnipräsenz vielleicht verdeutlichen mögen. Auf diese Diffusitäten und Probleme des gesellschaftlichen Leistungsbegriffs wird aber im Folgenden noch genauer eingegangen werden. Wegen dieser zusätzlichen Ver-

1 Für dieses Prinzip lässt sich pro toto etwa die libysche Staatsstruktur unter Ghaddafi beispielhaft heranziehen.

2 Im Libanon etwa werden seit Jahrzehnten die wichtigsten Ämter in der Staatsspitze nach einem genau festgelegten religiösen Proporz vergeben. Die langjährige deutsche Diskussion um die sogenannte „Frauenquote“ sei nur am Rande erwähnt.

teilungsprinzipien, die das reine Leistungsprinzip bei der Vergabe von gesellschaftlichen Belohnungen durchbrechen, wird teilweise auch eher von einer leistungsorientierten als von einer echten Leistungsgesellschaft gesprochen (vgl. Sacher 2009). Diese modifizierte Bezeichnung ist auch durch die – im Folgenden noch ein wenig differenzierter ausgeführten – Verwerfungen und Unregelmäßigkeiten bei der Anwendung des Leistungsprinzips zu begründen. Trotzdem sollen einfach aus pragmatischen Gründen weiterhin Leistungsgesellschaft und leistungsorientierte Gesellschaft synonym verwendet werden.

Nach dem vorangegangenen kurzen Abriss zur Entstehungsgeschichte und zum Stellenwert des Leistungsgedankens muss daher das entscheidende Grundaxiom unbestritten und am Anfang meiner nachfolgenden Überlegungen stehen, und zwar vollkommen unabhängig davon, ob wir dies als liberale Errungenschaft gut heißen oder als liberalistisches Konkurrenz- und Verdrängungsprinzip ablehnen: Wir leben in einer Leistungsgesellschaft, d. h. Leistung dient unter diesen sozialen Gegebenheiten zentral und prinzipiell als Verteilungsschlüssel für gesellschaftliche Positionen, für Verdienst, Macht und Einfluss, also als umfassender „Verkehrsregelungsgrundsatz unseres Zusammenlebens“, wie Hartfiel formuliert (Hartfiel zit. nach Böhm 2000, 377).

Allerdings präsentiert sich dieses zunächst einfache und überschaubare Prinzip bei genauer Betrachtung immer diffiziler und verwirrender. Denn schließlich sind die zu erbringenden und zu honorierenden Leistungen nicht wie in einer ursprünglichen und überschaubaren Stammesgesellschaft klar und einfach zu skalieren, wie etwa die Menge der herangeschafften Jagdbeute oder die Zahl der erschlagenen Feinde. In der nach- oder spätindustriellen Informationsgesellschaft gehören nicht nur eine Vielzahl vollkommen unvergleichbarer Leistungen zum Standardrepertoire des Alltags, sondern es tauchen auch noch je nach Situation vollkommen gegensätzliche Leistungsvollzüge auf.

Dabei ist offensichtlich, dass die oft gut honorierten Leistungen auf den ersten und zweiten Blick merkwürdig, extrem unterschiedlich oder zumindest der gesellschaftlichen Weiterentwicklung und Reproduktion nur bedingt förderlich zu sein scheinen. Zu denken wäre hier an Leistungen wie wochenlanges Pfahlsitzen in Freizeitparks, das zwangsgemeinschaftliche und fernsehwirksame Ausharren in Wohncontainern oder im medialen Fegefeuer inszenierter Urwaldcamps, aber ebenso das Abfeuern möglichst enzyklopädischer Bildungsschrotladungen auf zusammenhanglose Allgemeinbildungsfragen, welches immerhin ein Leben als Millionär in Aussicht stellt. Aber dies gehört wohl einfach zu den Irrationalismen einer unterhaltungsbedürftigen nachindustriellen Individualgesellschaft. Noch verwunderlicher erscheinen mitunter die Gehälter von Spitzenmanagern der Großindustrie, deren Leistungsboni und Sonderbezüge für den Durchschnittsbetrachter weitgehend unabhängig von eigenen Fehlleistungen und wirtschaftlichen Desastern zu sein scheinen[3]. Auch das möglichst schnelle Im-Kreis-herum-Rasen in speziellen Autos und feuerfesten Rennanzügen, ganz offensichtlich bestens finanziell honoriert, wird normalerweise im gewöhnlichen automobilen Berufspendleralltag eher empfindlich sanktioniert. Zudem sind beispielweise die hohen Honorarzahlungen von Polizei und Verfassungsschutz an nicht ganz vertrauenswürdige V-(Vertrauens-)Leute, deren Leistungen primär in der Zugehörigkeit zu einer kriminellen oder zumindest randkriminellen Vereinigung bestehen, für die Öffentlichkeit nicht immer nachvollziehbar, um eine aktuelle Diskussion aufzugreifen.

Vielleicht mag dies, abseits von aller nahe liegenden Polemik, als erster Hinweis darauf verstanden werden, dass Leistungen in unserer Gesellschaft weit differenzierter und vielgestaltiger auftreten, als uns das simplifizierende Alltagsverständnis suggeriert. Die Leistungen in den o. a. Beispielen können vielleicht in erster Linie darin bestehen, sich im Gespräch oder im Geschäft zu halten, die richtigen Beziehungen geknüpft zu haben und sich selbstbewusst und erfolgreich zu präsentieren. Es existiert also, ganz pointiert gesagt, in unserer medial geprägten Gesellschaft eine Vielzahl höchst differenter Leistungen etwa in Sport, Wissenschaft, Kultur und Unterhaltung, die je nach marktwirtschaftlicher Akzeptanz auch höchst unterschiedlich honoriert werden (vgl. Klafki 1989).

---

3 Auf Unverständnis stößt hier sicherlich, dass verantwortliche Führungskräfte etwa trotz augenfälliger Fehlleistungen wie dem überdimensionierten und beinahe ruinösen Ankauf von Rover durch BMW ihre Altersbezüge nicht als Hallenwart eines Drittligisten verdienen müssen, sondern in Spitzenpositionen konkurrierender Autohersteller aufsteigen dürfen. Ganz aktuell wird die Höhe von Bonuszahlungen an Spitzenbanker angezweifelt, die mitunter in nicht nachzuvollziehender Relation zur volkswirtschaftlichen Leistung zu stehen scheinen.

Innerhalb des Leistungssystems haben sich also ganz unterschiedliche Subsysteme mit auseinander klaffenden Maßstäben und differenten Honorierungsformen herausgebildet. Die Einsicht, dass diese mitunter beinahe unvereinbar erscheinenden und situativ immer wieder anders belohnten Leistungen und Möglichkeiten in einer pluralistischen Gesellschaft relativ gut nebeneinander her bestehen können, sollte für die Sozialisationsinstitution Schule in ihrem gesellschaftlichen Auftrag jedenfalls nicht ganz belanglos sein. Schließlich wirken die Präsentationsformen schulischer Leistung auf den ersten Blick erheblich homogener und eindimensionaler, ja schulisches Lernen und Leisten beruht geradezu auf einer Standardisierung von Wissen und Kompetenzen, wie etwa der weitgehenden Beherrschung der deutschen Orthographie in vergleichbaren Anwendungssituationen – und dies aller postulierten Individualität zum Trotz. Auf den zweiten Blick sind natürlich auch die schulischen Bewertungssysteme erheblich heterogener und widersprüchlicher und ermöglichen vielen Schülern schon sehr bald die Gewissheit, dass das bloße Vortäuschen von Fleiß und Können ebenso wertvoll angesehen wird wie Fleiß und Können selbst. Die Summe dieser nicht intentionalen Nebeneffekte, die die Schule als Institution erzeugt, wie beispielsweise die Erkenntnis, dass gewisse Leistungen in dem einen Kontext belohnt werden, in einem anderen aber bestraft, lässt sich unter dem seit Jahrzehnten diskutierten Begriff des heimlichen Lehrplanes zusammenfassen (vgl. bereits Zinnecker 1975).

Diese allgemeinen Hinweise auf den großen sozialen Rahmen scheinen notwendig, um die genau festgelegten und viel spezielleren Leistungsanforderungen in der Schule relativieren und positionieren zu können. Denn schließlich führt die allgemeinbildende Schule weder eine gesellschaftsfern-idyllische noch autonom-unabhängige Inselexistenz, die ja auch zu dem traditionellen Selbstanspruch in Opposition stünde, sich an der Lebenswelt und am Alltag der Schüler zu orientieren und auf genau diese vorzubereiten. Zudem ist auch anzunehmen, dass die meisten Schüler schon sehr bald ein Gespür für diese Unstimmigkeiten zwischen schulischen und alltäglichen Anforderungen entwickeln.

4

Begriffsklärung: Was ist Leistung?

In diesem Abschnitt soll zunächst einmal eine terminologische und definitorische Eingrenzung des Leistungsbegriffes unternommen und danach geklärt werden, was sich alles unter Leistung verstehen und subsummieren lässt. Dabei sei die physikalische Definition von Leistung als der Quotient aus Energie und Zeit, also Arbeit pro Zeiteinheit nur am Rande erwähnt.

Die Gemeinsamkeiten und Grundcharakteristika, aber auch mögliche strittige und neuralgische Punkte des pädagogischen bzw. psychologischen Leistungsbegriffes lassen sich wohl am besten bei einer Zusammenschau ausgewählter, inhaltlich zwar durchaus verwandter, aber teilweise unterschiedlich akzentuierter und modifizierter Definitionen von Leistung identifizieren.

Nach der knappen pädagogischen Definition von Winfried Böhm bezeichnet Leistung „sowohl Anstrengung und Aktivitäten, die aufgrund von Leistungsanforderungen vollzogen werden als auch deren Ergebnis" (Böhm 2000, 377).

Hartwig Schröder bleibt ähnlich prägnant, ergänzt aber explizit die angelegten Gütemaßstäbe, die bei Böhm eher implizit lediglich durch den Begriff „Leistungsanforderungen" vorausgesetzt werden. „Leistung ist der Vollzug oder das Ergebnis einer Arbeit in Relation zu einem Gütemaßstab" (Schröder 1991, 13).

Wolfgang Klafki dagegen fokussiert sich deutlicher auf den erziehlichen Zusammenhang und die motivationalen und vielfältigen Voraussetzungen auf Seiten des Schülers.

> „Versteht man Leistung als Ergebnis und Vollzug einer Tätigkeit, die mit Anstrengung und gegebenenfalls mit Selbstüberwindung verbunden ist und für die Gütemaßstäbe anerkannt werden, die also beurteilt wird, so erfordern die genannten Zielsetzungen vom jungen Menschen ein hohes Maß an Anstrengung und spezifischem Können" (Klafki 1976, 90).

Was bei Böhm mit „Anforderungen" eher angedeutet und bei Schröder gar nicht erwähnt wird, erfährt bei Klafki unter den Termini „Selbstüberwindung" und „Anstrengung" eine deutliche Aufwertung.

Unter ausgeprägt psychologische Akzentuierung gerät der Leistungsbegriff bei Heinz Heckhausen. Er definiert

> „Leistung: psychologisch; ein Handlungsresultat, das folgenden Kriterien genügt: 1. Die betreffende Tätigkeit muss gelingen oder misslingen können, 2. Die Tätigkeit muss einen angemessenen Schwierigkeitsgrad haben, 3. Es muss ein für den Handelnden verbindlicher Gütemaßstab vorliegen, 4. Der Handelnde muss das Handlungsresultat auf sich selbst zurückführen können" (Heckhausen 1972, 110).

Bei diesen vier ausgewählten und weithin akzeptierten Begriffsklärungen lassen sich neben den kurz angedeuteten Akzentverschiebungen auch deutliche Gemeinsamkeiten und verbindende Elemente erkennen, die offenbar als unverzichtbare Elementaria gelten dürfen. Wenn man alle diskutablen, aber erst einmal zweitrangigen Bedenklichkeiten bei Seite lässt, können durch die Zusammenschau der oben angeführten Definitionen einzelne sensible Punkte oder Gegensatzpaare identifiziert werden, die die gesamte schulpädagogische Diskussion über weite Strecken bestimmen. Diese Begriffe und Leitvorstellungen können konsequenterweise auch auf ganz konkrete Formen der Leistungsmessung und Leistungsbewertung durchschlagen.

- Das erste Begriffspaar: Leistung kann zum einen eher als Prozess, zum anderen eher als Ergebnis, aber natürlich auch als Zusammenspiel von Prozess und Produkt gesehen werden.
- Zum Zweiten deuten sich die beiden Pole Anstrengung versus Mühelosigkeit an, zwischen denen sich selbstverständlich eine beliebig fein unterteilte Skalierung aufspannen lässt.
- Der dritte Schlüsselbegriff findet sich durch die Maßstäbe und Normen, die angelegt werden müssen und als entscheidend für die Anerkennung von Leistung gelten dürfen.
- Als Viertes und Letztes findet sich wieder ein dichotomes Begriffspaar: Selbsteinschätzung versus Fremdeinschätzung, welche als einander entgegengesetzte Bezugsgrößen bei der Beurteilung Verwendung finden können.

Bei den meisten dieser vier Begriffsdimensionen lassen sich zwei Antipoden oder Gegensätze voneinander absetzen, bei dem dritten Begriff kann innerhalb der angelegten Maßstäbe und Normen zumindest eine graduelle Unterscheidung getroffen werden, also ein mehr oder weniger vollständiges Erfüllen der vorgegebenen Maßstäbe; auch die jeweils angelegten Normen können natürlich denkbar unterschiedlich sein. Diese Gegensätze weisen darauf hin, dass bei der Diskussion um den Leistungsbegriff ein relativ weiter Interpretationsspielraum zu herrschen scheint und das Grundverständnis dieses Schlüsselbegriffes entsprechend weit auseinander liegen kann. An dieser Stelle zeichnet sich, ohne zu viel vorweg zu nehmen, bereits die Differenz zwischen dem gesellschaftlichen und dem pädagogischen Leistungsbegriff ab, die für die erziehungswissenschaftliche Leistungsdebatte in den letzten Jahrzehnten sicherlich diskursprägenden Charakter angenommen hat. Bei einer analysierenden Zusammenschau der Definitionen wird interessanterweise auch deutlich, dass zur Leistung im sozialen und pädagogischen Handlungsfeld immer eine Form von Anforderung, von Maßstab und Gütekriterium und damit das Anlegen von Bewertungen zu gehören scheint. Ohne jede Form von interner oder externer Messung und Beurteilung ist ein Verständnis von Leistung offensichtlich nicht möglich.

Der gesellschaftliche Leistungsbegriff, der bislang mit dem Verweis auf die historische Genese und soziale Bedeutung im Zentrum der Darstellung stand, tendiert bei diesen Begriffspaaren ziemlich eindeutig zu einer Seite: Er orientiert sich in allererster Linie am erzielten Resultat, verlangt für dieses Ergebnis deutliche Anstrengung, legt allgemein gültige und vergleichende Normen an und setzt dabei primär auf Fremdbeurteilung von außen. Inwieweit der pädagogische Leistungsbegriff hier eine neue und radikale Umbewertung vollziehen kann, wird in Kapitel 6 noch genauer zu untersuchen sein.

In den letzten Jahren hat sich zudem im Kielwasser der großen internationalen Schulvergleichsstudien und bei der Diskussion um verbindliche Bildungsstandards eine deutliche Umorientierung ergeben, die Schülerleistungen stärker an beobachtbaren Kompetenzen als an abfragbarem Wissen festzumachen suchte. Statt abstrakten Bildungswissens soll der unterrichtliche Focus auf anwendungsorientiertes und alltagsnahes Handlungswissen gerichtet werden. Dass die Feststellung handlungsnaher Kompetenzen mit Blick auf den Schonraumcharakter von Schule nur unter Vorbehalten gelingen kann, liegt in der Natur der Sache und stellt letztendlich Stärke und Schwäche des Schulsystems zugleich dar, solange die echte Anwendungssituation eben noch nicht eingetreten ist.

Die immer wieder aufflammende Diskussion um den Sinn und die Berechtigung dieser Schwerpunktverschiebung soll an dieser Stelle nicht geführt werden, es sei nur angedeutet, dass sich für die schulische Leistungsmessung und -beurteilung damit zweifellos erhebliche Konsequenzen ergeben dürften.

Besonders deutlich wird diese terminologische Veränderung bei der aktuellen Ausformulierung der spezifischen Bildungsstandards, aber auch der Formulierung der IGLU- oder PISA-Testaufgaben, die das Messen von Können und Kompetenzen statt von Wissen oder Kenntnissen postulieren. Die Idee von (sprachlicher, mathematischer, naturwissenschaftlicher) literacy als alltagsnaher, niederschwelliger, möglichst müheloser Anwendungskompetenz in realistischen Handlungsvollzügen ist als roter Faden klar zu erkennen. Es geht hier um Kompetenzen, wie Busfahrpläne zu lesen, Informationen aus Sachtexten zu entnehmen und in situationsangemessenes Handeln umzusetzen. Diese Schwerpunktverschiebung weg von materialer hin zu formaler Bildung wird häufig mit dem raschen Veralten des Wissens, der stofflichen Überfrachtung und dem geringen Alltagsnutzen von Bildungswissen begründet. Es sei an dieser Stelle nur beiläufig darauf verwiesen, dass formale Fähigkeiten natürlich genauso vom Verfall bedroht sind wie materiale; in absehbarer Zeit wird die Kompetenz des „googelns" vermutlich die Fähigkeit des lexikalischen Nachschlagens ersetzt haben. Zudem bleibt der Anspruch, anwendungsnahe und alltagsrelevante Kompetenzen anzubahnen, notwendigerweise immer uneingelöst. Ob die erworbene und bewiesene Fahrplanlesekompetenz jemals zur Anwendung kommt, oder angesichts sanfter virtueller Stimmen, die in Zukunft an allen Haltestellen die Abfahrtszeiten ankündigen könnten, sich auch als überflüssiger und anachronistischer Bildungsballast herausstellen wird, ist durchaus offen. Gerade die Trennung zwischen schulischer „Als-ob-Situation" und Ernstfall konstituiert ja die Institution Schule (vgl. Herrlitz et al. 2000). Grundsätzlich können sich Kompetenzen erst in konkreten Anforderungssituationen realisieren, also kaum in testpsychologisch konstruierten Aufgabenstellungen, oder, um es ganz kurz in dem Marie von Ebner-Eschenbach zugeschriebenen Aphorismus zuzuspitzen: Für das Können gibt es nur einen Beweis: das Tun.

5

Lernen und Leisten: Der neue Lernbegriff als Bezugsrahmen

5.1 Leistung in schulischen und außerschulischen Zusammenhängen

Die beiden Begriffe Lernen und Leisten scheinen, als pädagogische Schlüsselbegriffe, in einem engen, wenn auch nicht ganz eindeutigen Verhältnis zueinander zu stehen, was sich auch an der semantischen Zusammenfügung etwa zu Termini wie Lernleistung oder Lernbeurteilung belegen lässt. Daneben werden von allgemein- und schulpädagogischer Seite aus auch nachdrücklich Forderungen nach einer Entkoppelung von Lern- und Leistungssituationen erhoben. „Lernbeurteilung ist aber von Leistungsbeurteilung klar erkennbar zu trennen" (Jürgens & Sacher 2000, 18). Dies geschieht aus der Überlegung heraus, dass dem individuellen Lernfortschritt des Schülers grundsätzlich Fehler, Irrtümer und Umwege als geradezu naturgemäß zugebilligt werden müssen, wohingegen Leistungserhebungen implizit mit dem Anspruch auf möglichst große Perfektion und Fehlerlosigkeit zu versehen sind. Dies kollidiert allerdings mit dem ebenso deutlich formulierten Anspruch, bei der als ganzheitlich verstandenen Leistungsbewertung eben nicht nur das vorliegende Endprodukt, sondern auch den vorangegangenen Entstehungsprozess in die Beurteilung mit einzubeziehen (vgl. ebd., 12 ff.).

Lernen lässt sich ja als relativ dauerhafte, erfahrungsbasierte Verhaltensänderung bezeichnen, wobei Verhaltensänderung zum einen die nicht direkt beobachtbaren Umstrukturierungen psychischer und kognitiver Verläufe, zum anderen die daraus resultierenden Modifikationen des direkt beobachtbaren Verhaltens bedeuten.

> „Unter Lernen verstehen wir alle nicht direkt beobachtbaren Vorgänge in einem Organismus, vor allem in seinem zentralen Nervensystem (Gehirn), die durch Erfahrung (aber nicht durch Reifung o. ä.) bedingt sind und eine relativ dauerhafte Veränderung bzw. Erweiterung des Verhaltensrepertoires zur Folge haben. Mit anderen Worten: Lernen ist eine erfahrungsbedingte Veränderung der Möglichkeit eines lebenden Systems, in einer Umwelt einen Zustand einnehmen zu können, der anschlussfähig an die eigene Autopoiesis ist" (Treml & Becker 2006, 107).

Bereits bei diesem denkbar allgemein gefassten Versuch einer definitorischen Eingrenzung des Lernbegriffes wird erkennbar, dass hier eine permanente Abfolge von individuellen Anpassungsleistungen als Lernen verstanden wird, dass also Lernen und Leisten in untrennbarem funktionalem Zusammenspiel stehen. Bei der in unserem Zusammenhang notwendigen Beschränkung auf schulisches, also systematisches, zielgerichtetes und intentionales Lernen bleibt dieser Zusammenhang bestehen. Schulische Leistungen sollen primär als operationalisierbare Verhaltensänderungen gefasst und bewertet werden, also als Lernprozesse und Lernerfolge. Bei einem Rückgriff auf das oben bereits anskizzierte aktuelle Verständnis von Lernen als individuellem, selbstgesteuertem, konstruktivistisch angelegtem Prozess wird aber auch deutlich, dass diese autopoietischen Lernvorgänge höchst unterschiedlich und heterogen ausfallen müssen, dass Irrwege und Fehler in individueller Ausprägung und Stärke auftreten müssen und dass die Lernergebnisse als eigenständige Weltkonstruktionen letztendlich auch nur different ausfallen können. Konsequent zu Ende gedacht berührt dies fundamental die Existenzberechtigung von Schule.

Nachdem eine radikale Negation von Schule, ja jedem institutionalisiertem Lernen professionsstrategisch unklug und gesellschaftlich inakzeptabel wäre, muss ein Modus gefunden werden, wie sich ein hochindividualisiertes Verständnis von Lernen und eine primär normorientierte Messung und Beurteilung miteinander verbinden lassen können. Notwendig erscheinen aus diesen Grundsatzüberlegungen heraus drei Folgerungen.

Erstens muss es für alle Beteiligten klar sein, dass schulische Leistungsmessungen und -bewertungen nichts anderes sein können als selektive, simplifizierende, beschränkte und verkürzte Einblicke in die Lernvorgänge der Schüler, deren Komplexität und Polyvalenz nicht wirklich erfasst und noch weniger gewertet werden können. Dies gilt besonders für die psychischen Prozesse innerhalb des lernenden und leistenden Individuums, über deren Qualität im Rahmen der Schule nur auf Grund der erbrachten Resultate und Verhaltensäußerungen Rückschlüsse gezogen werden können.

Zum zweiten sollte, bei allem Bemühen um Lebensnähe, Alltagsrelevanz und ganzheitliche Allsinnlichkeit, immer im Blick behalten werden, dass schulische Lernsituationen und Leistungsforderungen strukturell niemals die ganze Fülle menschlichen Lernens und Leistens abzubilden oder aufzugreifen vermögen, sondern immer eine Beschränkung auf den gesellschaftlich akzeptierten und eingeführten Bildungskanon bedeuten, für den sie als Institution einen öffentlichen und in aller Regel demokratisch legitimierten Auftrag haben. Dass das Leben neben der Schule eine unübersehbare Melange verschiedenster, kaum standardisierbarer und teilweise auch widersprüchlicher Lern- und Leistungsanforderung stellt, darf als ebenso bereichernde wie pädagogisch beunruhigende Tatsache angesehen werden. Interessanterweise wird auch in aktuellen nationalen Studien wie etwa dem deutschen Lernatlas genau diese Ausweitung weg vom rein schulischen Lernen hin zu einer komplexen Vielfalt von lebenslangen und polysituativen Lern- und Leistungsmöglichkeiten vollzogen (vgl. deutscher-lernatlas 2012).
Zum dritten sollte nicht übersehen werden, dass Lernen und Leistung in den allgemeinbildenden Schulen immer mit einer eindeutigen Zeit-

bindung versehen sind, also in aller Regel eben nicht aus den individuellen Bedürfnissen des Augenblicks heraus geschehen, sondern für eine allgemein anerkannte und gesellschaftlich für notwendig gehaltene Anwendung des erworbenen Wissens und Könnens zu einem späteren Zeitpunkt. Die historischen oder aktuellen Versuche von rein aktuell und situativ inspiriertem Gelegenheitsunterricht, wie beispielsweise bei Berthold Otto Anfang des 20. Jahrhunderts, kamen wohl aus guten Gründen nicht über ein bescheidenes Nischendasein hinaus. Ein zentraler Grund für die Existenzberechtigung von Schule ist das Arrangieren planmäßigen und systematischen Lernens, gleichsam auf Vorrat, unabhängig von den Zufällen des Augenblicks, für eine grundsätzlich unbekannte Zukunft, ohne jede Garantie auf Anwendungssicherheit. Für schulische Leistung bedeutet das, dass jede Form von Leistungserbringung und -bewertung immer die Möglichkeit in sich trägt, im wirklichen Leben niemals gebraucht zu werden (vgl. Herrlitz et al. 2000).

Diese drei grundsätzlichen Einschränkungen und Bedenken dürften sicherlich mehr als einsichtig erscheinen, möglicherweise beinahe banal. Trotzdem sollte der Hinweis auf die elementaren strukturellen Unterschiede zwischen schulischem und außerschulischem Lernen und Leisten zumindest dabei helfen, sich als Lehrkraft nicht mit dem Versuch zu überfordern, möglichst häufig absolut lebens- und anwendungsnahe Lernleistungen zu simulieren. Nachvollziehbar sollte zudem auch geworden sein, dass immer eine Diskrepanz zwischen den individuellen Lernwegen und subjektiven Leistungen und den in sozialem Konsens gewonnen schulischen Leistungserwartungen liegen muss, die auch bei intensivstem Bemühen der Lehrkraft nicht wirklich überwunden werden kann.

5.2 Determinanten von Schulleistungen

Nach dem Blick auf die grundsätzlichen Schwierigkeiten, schulisches und außerschulisches Lernen und Leisten in einen tragfähigen Zusammenhang zu bringen, sollen im Folgenden die unterschiedlichen Determinanten schulischer Leistung dargestellt werden. Die aktuelle Forschung belegt nicht nur die Vielfalt und Komplexität verschiedenster Einflüsse auf das individuelle kindliche Leistungsvermögen und seine Entwicklung. Sie liefert auch starke Hinweise darauf, dass das Können und Leistungsvermögen des einzelnen Schülers keineswegs nur von der Institution Schule abhängt, was das bereits umrissene komplexe Zusammenwirken von Schule und Gesellschaft argumentativ hinterlegt. Zudem lassen sich keine dominanten isolierten Aspekte als ausschlaggebende Faktoren für Lernleistungen identifizieren. Es muss stattdessen nach Stand der Forschung davon ausgegangen werden, dass alle Schulleistungen im Wesentlichen multipel bedingt sind und dass diese multiplen Bedingungsfaktoren außerdem in einem höchst komplexen Zusammenspiel auf individueller, schulischer und familiärer Ebene systemisch verbunden sind. Entsprechend schwer durchschaubar präsentiert sich die schematische graphische Darstellung von Schulleistungsdeterminanten, mit der Andreas Helmke und Franz Weinert bereits 1997 versucht haben, diese multifaktoriellen Abhängigkeiten anschaulich zu machen (vgl. Helmke & Weinert 1997, 86).

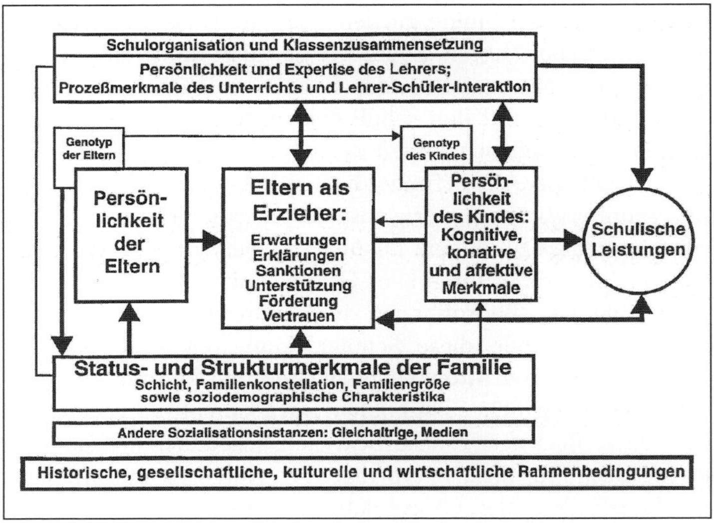

Abb. 1: Determinanten der Schulleistung (Helmke & Weinert 1997, 86)

Wie das elaborierte Schema verdeutlicht, hängt Schulleistung direkt von der Persönlichkeit des Kindes mit seinen intellektuellen wie emotionalen und willensbezogenen Charaktereigenschaften ab, wird aber ebenso determiniert durch den erziehlichen Einfluss der Eltern, der wiederum die Persönlichkeit des Kindes und damit auch seine schulische Leistungsfähigkeit mitbestimmt. Darunter sind Einzelfaktoren wie Erziehungsstil, Bildungs- und Leistungserwartungen zu verstehen. Parallel dazu entwickelt sich das individuelle Leistungsvermögen auch im sozialen Kontext der jeweiligen Bildungseinrichtung mit ihrer jeweils spezifischen Schulorganisation, Schulkultur und Klassenzusammensetzung. Dazu gehören an prominenter Stelle die Lehrerpersönlichkeit mit ihrer fachlichen und pädagogischen Expertise und die bekannten Qualitätsmerkmale eines (guten) Unterrichts wie Klarheit, Strukturiertheit, effektive Zeitnutzung, classroom-management, Vielfalt und genaue Anpassung der Lernangebote usw. (vgl. Hattie 2008).

Die schulische Leistung des Einzelnen wird aber nicht nur von direkten schulaffinen Faktoren beeinflusst, sondern auch vom gesellschaftlichen Kontext mit der Fülle seiner medialen Einflüsse und den soziokulturellen Vorgaben aus den Peer-Groups geprägt.

Eine aufschlussreiche Studie zu dem gerade in Deutschland sensiblen Thema „Streber“ haben Georg Breidenstein und Michael Meier vorgelegt, wobei aufgezeigt werden konnte, welchen Einfluss eine „Streber-Etikettierung“ auf den schulischen Erfolg und die Entwicklung der Leistungsfähigkeit nehmen kann (vgl. Breidenstein & Meier 2004). Ihre abschließenden Befunde dürften dabei für viele erfahrene Lehrkräfte kaum erwartungswidrig ausgefallen sein. Sie konnten nämlich nachweisen, dass besonders Schüler mit hervorragender schulische Benotung innerhalb ihrer Peer-Gruppe mit durchwegs großen Akzeptanzproblemen, Bedrohungen und Schwierigkeiten rechnen müssen. Konkret blieben diese Schüler dann wegen des latenten „Streber“-Vorwurfs unter ihren Möglichkeiten und konnten ihr wahres Leistungspotenzial nicht ausschöpfen. Dazu kam oftmals auch noch ein permanenter Rechtfertigungsdruck, sich gegenüber den anderen in ihrer Peer-Group für diese hervorragenden Noten zu entschuldigen bzw. irgendeinen plausiblen Grund dafür zu finden, warum sie selbst nicht für diese Leistungen verantwortlich wären. Möglicherweise sind diese Einflüsse durch fehlende oder erschwerte Anerkennung innerhalb der Peer-Kultur in ihren Auswirkungen auf die erbrachte Schulleistung erheblich stärker als das eigentliche individuelle Leistungsvermögen oder das ganze Bündel an Lernanregungen, Unterrichtsarrangements und Leistungsanreizen durch das schulische Umfeld und von Seiten der Lehrkraft. Auch die Bildungserwartungen der Eltern und ihr erziehlicher Einfluss können durch die Ideale der Peers marginalisiert werden. Dies aber ist naturgemäß immer sehr stark von den individuellen Gegebenheiten, von bestimmten Lebensaltern und Lebenssituationen abhängig.

Der ganze Komplex schulischer Leistungen wird also von einer Fülle divergierender und mitunter unvereinbarer Ansprüche bestimmt, wobei sowohl objektiv formulierte und vorgegebene Erwartungen durch Elternhaus, Gesellschaft und Arbeits- und Erwerbsleben auf der einen und subjektive, individuelle Interessen und Bedürfnisse auf der anderen Seite dabei mit einfließen. Es ist vollkommen unvermeidlich, dass die Anforderungen von außen mit den Wünschen, Hoffnungen und Möglichkeiten des inneren Lebensentwurfs nicht a priori deckungsgleich sein können, sondern dass zwischen diesen unterschiedlichen Bereichen Brüche und Risse existieren, die von der beschränkten Institution Schule weder dauerhaft zu kitten noch zu ignorieren sind. Aus der Perspektive der Leistungs- und Belastungsforschung lassen sich hier durchaus bedenkliche Befunde beitragen. Psychische Störungen stehen in kausaler Verbindung mit übersteigerten Leistungsanforderungen, die durch Ökonomie und Bildungsaspiration, durch Suggestion und Fremdbestimmung von außen an das kindliche Subjekt herangetragen werden und die genau dann auftreten, wenn diese Erwartungen eben in vielen Fällen nicht oder nicht vollständig erfüllt werden können oder wollen.

Die im zweiten Kapitel begründete Aussage, dass Menschen und damit auch Kinder Leistung erbringen müssen und wollen, darf also nicht als pauschale und plakative Vereinfachung verstanden werden (vgl. „Kinder wollen etwas leisten", Felten 2000). Es gehört eben auch zur anthropologischen Grundausstattung des Menschen, nicht immer und ständig leistungsbereit zu sein, ständig neue und komplexere Leistungen auch in der sogenannten Freizeit zu erbringen, ohne dabei die Gelegenheit zu echter, geradezu zweckfreier Muße und Entspannung zu haben. Dass die Gesellschaft immer diffizilere und attraktivere Leistungsanreize und Leistungsbeurteilungen einführen muss, lässt sich ja durchaus auch als Indiz dafür lesen, dass viele Mitglieder dieser Gesellschaft von sich aus eigentlich diese bestimmten Leistungen gar nicht bringen wollen, sondern lediglich durch ausgeklügelte Belohnungsmechanismen schmackhaft gemacht bekommen müssen.

An dieser komplizierten Gemengelage lässt sich ablesen, dass die genuin pädagogischen Interventionsmöglichkeiten mit Blick auf die differenten individuellen Lebenswelten und Lebensentwürfe ausgesprochen begrenzt erscheinen. Primär schulische Förderung, verbunden mit dem traditionellen Appell an individuelle Leistungsbereitschaft und Fleiß, wird in vielen Fällen keinen genügenden Erfolg bringen. Es muss stärker darum gehen, Lern- und Leistungsprobleme in einem größeren systemischen Kontext anzugehen und die multifaktoriellen Determinanten so gut als möglich zu berücksichtigen. Dass wegen der Komplexität und Unüberschaubarkeit der möglichen Einflussgrößen nicht jeder Faktor erkannt und berücksichtigt werden kann, ist sicherlich nachvollziehbar und garantiert selbst im besten Falle keineswegs zwangsläufig den Erfolg. Schließlich sind viele Determinanten bei allem schulischen Bemühen nicht grundsätzlich beeinflussbar, so dass für manche Schüler die Anerkennung im Freundeskreis wichtiger bleiben wird als die quasi überpersönliche institutionelle Belobigung durch sehr gute Noten und Zeugnisse.

5.3 Leistungsrückmeldung als Teil einer beratenden und fördernden Feedback-Kultur

Im Zuge einer grundlegenden Neubestimmung der schulischen Leistungserziehung erfolgten weitere Impulse durch den veränderten, konstruktivistisch orientierten Lernbegriff. Im Zentrum dieser Überlegungen standen auch Fragen nach einer umfassenden Modifikation der herrschenden Rückmeldungs- oder Kommunikationskultur, die beispielsweise einen souveränen und konstruktiven Umgang mit Fehlern ermöglichen sollte (vgl. Jung 2003). Mit Blick auf diesen nicht mehr ganz so neuen Lernbegriff, aber auch mit problembewusster Perspektive auf ein pädagogisch motiviertes Leistungsverständnis, kennzeichnet diese Kultivierung der Rückmeldung einen zentralen Punkt der Leistungsdebatte. „Sie entspricht (konstruktivistisch formuliert) einer notwendigen Rückkoppelung des Lernens, also der interpretierenden Rückfrage hinsichtlich der Stimmigkeit (Viabilität) der neu hervorgebrachten und kreierten Vorstellungen“ (Jung & Nießeler 2011, 21). Im Zuge dieser Feedback-Kultur, die von didaktischen Aufforderungen und verstärkenden Nachfragen bis hin zum Umgang mit kritischen Einwänden reichen kann, lassen sich taugliche Unterrichtsinstrumente für eine fördernde und aufbauende Leistungsbeurteilung in verschiedenen Ausformungen gewinnen. Dies erscheint umso notwendiger, als eine wirklich vertiefende, sachlich interessierte und klärende Nachfrage- und Kommunikationskultur im schulischen Alltagshandeln außerordentlich schwer zu realisieren zu sein scheint (vgl. Jung 2003).

Dankenswerterweise hat Felix Winter einen Katalog möglicher Ablaufschritte als Annäherungsversuche an eine veränderte und pädagogisch inspirierte Kultivierung der unterrichtlichen Feedbacks zusammengestellt (vgl. Winter 2004):

- Geradezu axiomatische Grundvoraussetzung jeder sinnhaften und arbeitsfähigen Feedback-Kultur ist zunächst einmal ein Klima des Vertrauens. Diese Grundforderung gilt natürlich für jeden guten Unterricht, so schwierig sie im schulischen Tagesgeschäft auch immer einzulösen sein mag. Andererseits kann möglicherweise gerade die Kultivierung von angemessener und inhaltsorientierter Nachfrage und Rückmeldung, von positiven Umgangsformen des Miteinanderlernens, dazu beitragen, dass dieses Vertrauensklima entsteht.
- Ebenso zentral ist bei Winter, auch wenn er es erst ans Ende seiner Ratschläge stellt, die Befähigung und Ausbildung der Prozessbeteiligten zu zielführenden und treffenden Rückmeldungen. Dies erfordert in vielen Fällen sicherlich geradezu ein Training für genaue, an Inhalten orientierte und ausführliche Feedbackformen.
- Rückmeldungen werden gleichberechtigt, umfassend und symmetrisch gegeben, also grundsätzlich zwischen allen Beteiligten wechselseitig ausgetauscht. Damit können Schüler anderen Schülern Rückmeldungen geben, aber auch den Lehrern und umgekehrt natürlich auch Lehrer allen Schülern. In dieses Rückmeldenetz lassen sich unter bestimmten Bedingungen auch Personen des Meso- oder

Makrosystems einbeziehen, etwa die Schulleitung, der Hausmeister oder die Klasseneltern.

- Als lernprozessbegleitende Maßnahmen sollen Lernprotokolle oder -tagebücher geführt werden oder rückblickende Gespräche zur Reflexion über den eigenen Lern- und Leistungsprozess angeboten werden. Dabei lassen sich auch grundlegende Unterschiede im Lern- und Leistungsverständnis durchaus thematisieren und etwa in der Form von philosophischen Gesprächen kommunizieren.
- Zentral ist dabei, dass damit ein Rahmen geschaffen wird, innerhalb dessen bestimmte Arbeitsformen, methodische Vorgehensweisen oder ritualisierte Abläufe, aber auch möglichst umfassende sachliche Rückmeldungen ihren festen Platz finden. Zudem können in diesem Rahmen alle beteiligten Schüler und Lehrkräfte dazu angeregt werden, ihre Arbeitsmethoden zu verändern und weiterzuentwickeln, ihre Ergebnisse und ihre Arbeitsprodukte zu überprüfen und gegebenenfalls zu korrigieren.
- Die erfassten Rückmeldungen zu Lernergebnissen und Arbeitsmethoden führen zu Schlussfolgerungen, die das weitere Lernen notwendigerweise beeinflussen. Auch dies ist eine im Kern selbstverständliche und geradezu banale Aussage, die zum absoluten Traditionsbestand der Schulpädagogik zu gehören scheint, jedoch in der Praxis schwer zu verwirklichen ist. „Schüler (und auch Lehrer) haben Hemmungen, sich offene Rückmeldungen zu geben, vor allem wenn diese kritisch ausfallen. Andererseits kommt es auch vor, dass übertriebene und abwertende Kritik geäußert wird, und diese kann verletzend sein – unter Umständen viel verletzender als schlechte Ziffernoten“ (Winter 2003, 12).

Aus dem Blickwinkel der Lernpsychologie resultieren aus diesen bewussten und schlüssigen Rückmeldungen gut begründbare Unterstützungsmomente des Lernaktes vor allem auf motivationaler Ebene durch die konsequente und gezielte Bekräftigung und Würdigung aller Lernfortschritte. Dies gilt als einer der zentralen und durch die Unterrichtsforschung gut abgesicherten Kriterien für eine hohe Schul- und Unterrichtsqualität und führt eben auch zu einem positiven, wohlstrukturierten und lernfördernden Unterrichtsklima (vgl. Aurin 1991; Helmke 2008). Darüber hinaus liefern diese auch durchaus kritischen

Rückmeldungen auch eine ganz konkrete Form von persönlicher Anerkennung, von Würdigung der Leistung des Anderen. Ins Bildungstheoretische gewendet werden hier ein zentraler Anspruch und ein essentielles Anliegen des Lernens im sozialen Kontext aufgegriffen. Denn schließlich werden durch diese Rückmeldungen der sich bildenden Person der Stellenwert und vielleicht auch der Fortschritt der eigenen Leistung bewusst und verdeutlichen ihr dadurch, dass nicht die Lernziele und Bildungsstandards an sich bildungsmächtig sind, sondern das individuelle Umgehen damit. Lebensaufgabe unter bildungstheoretischen Gesichtspunkten ist also gleichsam das Abarbeiten an überindividuell gesetzten Aufgaben und Vorgaben, wobei es jedoch entscheidend darauf ankommt, was der Einzelne mit diesen Vorgaben macht. Selbstverständlich bedeutet dies aber auch, dass echte Bildungsprozesse niemals ohne dosierte Anforderungen und anspruchsvolle Herausforderungen, die ja durchaus in übergreifende Standards gegossen sein dürfen, in Gang gesetzt werden können. Ohne diese die Kräfte steigernden Herausforderungen ist allenfalls eine gewisse Selbstgenügsamkeit, ein Anpassen und eine behagliche Unförmigkeit als Gegenteil des Sich-selbst-Bildens, also des Sich-Hinein-Findens unter der Diktatur der Toleranz statt des Sich-aktiv-eine-Form-Gebens denkbar, welches keine nachhaltige Bildungswirkungen initiieren kann.

6

Gesellschaftlicher und pädagogischer Leistungsbegriff: Gegensatz oder Ergänzung?

In Anknüpfung an die in Kapitel 3 vorgenommene definitorische Klärung von Leistung und unter der Perspektive des neuen, konstruktivistischen Lernbegriffs sollen noch einmal die bereits aufgeführten elementaren und konstitutiven Punkte aufgeführt werden, die die erziehungswissenschaftliche Diskussion um die Leistungserziehung prägen:

- Es geht um die Dualität zwischen Prozess und Ergebnis.
- Unverzichtbar ist zudem die Betonung von Anforderung und Anstrengung oder Mühelosigkeit.
- Maßgebliche Bezugsgrößen für die Anerkennung von Leistung sind Maßstäbe und Normen.
- Als Instrumente können bei der Bewertung sowohl Selbsteinschätzung als auch Fremdurteil verwendet werden.

Wie ebenfalls bereits kurz angedeutet, lassen sich dem gesellschaftlichen Leistungsbegriff bei diesen Termini ziemlich eindeutig bestimmte Begrifflichkeiten zuordnen: Er misst in erster Linie das Ergebnis, verlangt Anstrengung, bewertet nach allgemeinen, sozial gebundenen Normen und durch Außenstehende.

Wegen dieser einseitigen Ausrichtung an den sozialen und ökonomischen Anforderungen, vor allem aber wegen seiner selektiven Härte, setzen zahlreiche Pädagogen wie Angelika Speck-Hamdan, Eiko Jürgens und Horst Bartnitzky (vgl. etwa Bartnitzky 1997, ebenso Jürgens & Sacher 2008) dem umstrittenen und zwiespältigen gesellschaftlichen Leistungsbegriff ein unverdächtigeres und kindorientierteres pädagogisches Leistungsverständnis gegenüber, welches im Erziehungs- und Bildungssystem das erstgenannte Prinzip möglichst umfassend ersetzen solle.

Um die Hauptunterschiede zwischen den beiden differenten Begriffen und Positionen zu Anfang dieses Kapitels etwas deutlicher erkennen zu können, sollen sie in der folgenden Übersichtsmatrix zusammengefasst und miteinander in Kontrast gesetzt werden. Im Verlauf der weiteren Darstellung werden dann die einzelnen Kriterien detaillierter und differenzierter unter die Lupe genommen.

	Gesellschaftlicher Leistungsbegriff	**Pädagogischer Leistungsbegriff**
Hauptfunktion und Ziel	Selektion mit der Zuweisung zu bestimmten Bildungslaufbahnen	Bestmögliche Förderung
Maßstab	Soziale/kriteriale Norm	Individuelle/kriteriale Norm
Bewertungsgröße	Ergebnis und Produkt	Anstrengung und Prozess
Interaktionsmodus	Konkurrenzorientierte Rivalität	Soziales Miteinander
Reichweite der Messung und Beurteilung	Spezifische und isolierte Kenntnisse und Fähigkeiten	Ganzheitliche und übergreifende Würdigung der Gesamtpersönlichkeit
Bewertungsinstanz	Ausschließlich Fremdbewertung	Kombinierte Selbsteinschätzung und Fremdbewertung

Abb. 2: Vergleich Gesellschaftlicher – Pädagogischer Leistungsbegriff (eigene Tabelle)

Möglicherweise wird bei dieser Gegenüberstellung die Unterscheidung zwischen Ziffernnoten versus Verbalbeurteilung vermisst, die ja in der allgemeinen Wahrnehmung oftmals als augenfälligste Charakteristika des gesellschaftlichen bzw. des pädagogischen Leistungsbegriffs angesehen werden. Nach meiner Auffassung ist dies aber keineswegs zwangsläufig der Fall. So ist eine hochselektive, sozial normierte, ergebnis- und konkurrenzbetonte, spezifische und fremdbewertende Verbalbeurteilung ebenso gut denkbar wie eine förderdiagnostische, individuelle, prozess- und gemeinschaftsbetonende, ganzheitliche und selbstbewertende Ziffernnote. Dies wäre sicherlich ungewöhnlich, aber durchaus praktikabel. Dieser Hinweis scheint mir notwendig, um die Verkürzung der Diskussion auf die einfache Frage: „Abschaffung der Noten – ja oder nein?“ zu vermeiden. Alleine mit der Ablösung der Ziffernnoten durch eine verbale Paraphrasierung ist, wie Karlheinz Ingenkamp schon vor Jahrzehnten betonte, noch nichts Entscheidendes geschehen (vgl. Ingenkamp 1986).

Davon abgesehen erscheint bei der Abwägung der aufgelisteten Unterscheidungskriterien der pädagogische Leistungsbegriff zumindest nach dem ersten Eindruck zeitgemäßer und humaner und würde damit den Maßstäben einer kindgerechten Schule notwendigerweise weit besser entsprechen. Wer wollte nicht in einer Atmosphäre des sozialen Miteinanders eine optimale Förderung und Berücksichtigung der individuellen Gesamtpersönlichkeit der Schülerinnen und Schüler befürworten, orientiert an ihren eigenen und selbst attestierten Lernfortschritten? Das Problem einer gewissen inhaltlichen und terminologischen Unschärfe bleibt dem pädagogischen Leistungsbegriff allerdings zunächst erhalten. Darüber hinaus müssen die weitreichenden Konsequenzen der installierten Opposition zwischen gesellschaftlichem und pädagogischem Leistungsbegriff bei der genaueren Betrachtung der einzelnen Merkmale noch intensiver mit bedacht und beleuchtet werden.

6.1 Hauptfunktion und Ziel des gesellschaftlichen und pädagogischen Leistungsbegriffs: Selektion versus Förderung

Grundsätzlich muss jede pädagogische Handlungsweise natürlich auf eine möglichst nachhaltige Förderung aller Persönlichkeitsbereiche des Kindes abzielen, also auf eine Stärkung personaler, sachlicher und sozialer Kompetenz, was ja auch zentrale Bestimmungsstücke grundlegender Bildung darstellen (vgl. Einsiedler 2011). Dementsprechend sollte jede schulische Leistungsmessung und -beurteilung im Dienste einer Förder- und nicht Selektionsdiagnostik stehen (vgl. Kapitel 7.1). Eine simple, vielleicht sogar irreversible Ab- und Aussonderung nach Testleistungen ohne anschließende adaptive Förder- und Lernangebote ist selbstredend indiskutabel. Allerdings müssen die beiden Funktionen nicht notwendig als absolute und unvereinbare Gegenbegriffe gesehen werden und wurden in den meisten Fällen auch nicht so verstanden. In erster Linie geht es bei der selektiven Leistungsmessung, wie z. B. Fremdspracheneinstufungstests zu Beginn des Studiums, um die Feststellung differenter Leistungsniveaus, um eben durch die Zuweisung zu bestimmten Leistungsgruppen effektiver und frustrationsärmer arbeiten zu können. Damit schließt Selektion Förderung ja keineswegs grundsätzlich aus, da dies prinzipiell auf die Installation von möglichst leistungshomogenen Gruppen mit entsprechend spezifischen, auf den jeweiligen Lernstand zugeschnittenen Lernangeboten abzielt. Selektion und Förderung werden damit eben nicht als Gegensatz, sondern als Abfolge von zwei aufeinander folgenden Förderschritten verstanden. Dass in der Praxis und im persönlichen Empfinden derartige Selektionsentscheidungen oftmals eher als Degradierung denn als Förderangebot aufgenommen werden, sei damit selbstverständlich unbestritten und liegt sicherlich auch am grundsätzlich selektiven Charakter von Bildung im Allgemeinen.[4]

4 Dazu ein erklärender Satz: Alle Bildungsangebote, jedes Wissen und jede Kompetenz führt dazu, dass diese Bildungselemente von einigen am Ende besser oder schlechter oder gar nicht beherrscht werden, erzeugen also de facto unausweichlich Ungleichheit.

6.2 Maßstab des gesellschaftlichen und pädagogischen Leistungsbegriffs: Soziale versus kriteriale versus individuelle Normorientierung

In der pädagogischen Diskussion werden diese drei Normierungen seit Jahrzehnten voneinander abgegrenzt.

- Die soziale Norm misst die Leistung des Einzelnen im Vergleich mit anderen Menschen bzw. mit einer fiktiven, durch empirische Verfahren gewonnen Durchschnittsperson. Die Vergleichsgruppe kann dabei prinzipiell beliebig groß oder klein gewählt werden. Ob die Leistung nur mit einem einzigen anderen Individuum verglichen wird, mit dem Rest der Klasse oder mit Millionen von Gleichaltrigen weltweit, wie es etwa die PISA-Studien tun, ändert am Grundmodus nichts. Dabei ist eine möglichst große Vergleichsgruppe für die Zuverlässigkeit und Objektivität der Messung natürlich ein Vorteil; dies entkräftet die immer wieder geäußerte Kritik, dass die soziale Norm von den Zufälligkeiten der Klassenzusammensetzung abhängig sei. Dies lässt sich durch eine Ausweitung der Bezugsgruppe problemlos lösen und wird durch die inzwischen flächendeckend eingeführten bundesweiten Vergleichsarbeiten wie VERA auch erfolgreich getan (vgl. uni-landau/vera 2012).
- Die kriteriale Norm vergleicht die Leistung des Einzelnen mit einem bestimmten, vorher festgelegten Kriterium, also einer spezifischen Kompetenz (wie: „Die Himmelsrichtungen bestimmen" oder „50 Meter Brustschwimmen") oder einem definierten Wissensinhalt („Wie heißen die vier Himmelsrichtungen?" „Wie unterscheidet sich Brustschwimmen vom Freistil?"). Es kann dann eine Aussage getroffen werden, ob dieses Kriterium erreicht wurde oder nicht bzw. wie weit sich diesem Ziel angenähert wurde. Es sei aber in aller Deutlichkeit darauf hingewiesen, dass diese Kompetenzen und Ziele natürlich nicht a priori, also gleichsam naturwüchsig, vorhanden sind, sondern erst durch eine Form vorangehender sozialer Normierung gefunden werden. Erst das sozial konstruierte Wissen, dass Durchschnittsmenschen nach entsprechender Schulung in aller Regel

50 Meter schwimmen können, lässt diese Norm sinnvoll und einlösbar erscheinen und verhindert bedauerliche Massenunfälle. Wenn hierzu noch genauere Festlegungen wie eine bestimmte Schwimmzeit bzw. Schnelligkeit kommen, wird noch deutlicher, wie stark die kriteriale Norm mit der sozialen Normierung verflochten ist, weil diese Richtgrößen letztendlich ja nur aus dem Vergleich mit anderen gewonnen werden können.

- Die individuelle Norm vergleicht nun die Leistung des Einzelnen mit seiner eigenen, vorher erbrachten Leistung, dokumentiert also eher einen längsschnittlichen Verlauf als einen sozial vergleichenden Querschnitt. Mit dieser individuellen Orientierung sollen die Entwicklungs- und Lernfortschritte des Schülers verdeutlicht werden, möglicherweise natürlich auch seine Rückschritte. Hierfür könnten Aussagen getroffen werden, um wie viele Meter oder Sekunden sich die Schwimmleistung des einzelnen Schülers verbessert oder verschlechtert hat, ohne diese Strecke oder Zeit mit denen der anderen Schüler zu vergleichen. Die Schwierigkeiten dieser pädagogisch sicherlich zu begrüßenden Individualnorm lassen sich an diesem simplen Beispiel bereits erahnen. Die Verbesserung der Schwimmzeit um 5 Sekunden innerhalb eines halben Jahres beispielsweise lässt sich nicht wirklich als Verbesserung bezeichnen, wenn auf Grund der körperlichen Entwicklung mehr zu erwarten gewesen wäre; die Aussage „(deutliche) Verbesserung“ lässt sich ehrlicherweise einigermaßen zufriedenstellend nur dann treffen, wenn zumindest implizit auf die soziale Norm zurückgegriffen wird, nämlich der Vergleich mit andern getroffen wird, was eine längere Technikschulung und ein Zuwachs an Größe und Muskelmasse durchschnittlich an Leistungszunahme zu bringen vermag. Analoge Beispiele ließen sich, wenn auch etwas komplexer, für Rechtschreiben oder Mathematik ebenfalls darstellen.

Zusammenfassend fällt das Fazit für die Frage nach der geeignetsten Bezugsnorm zumindest zwiespältig aus. Sicherlich ist eine Orientierung am eigenen Lernfortschritt die pädagogisch sinnvollste Vorgehensweise, weil sie idealerweise einen denkbar engen Zusammenhang zwischen eigener Anstrengung und erzieltem Leistungszuwachs herzustellen vermag. Wie stark die Idee von Verbesserung und Zuwachs aber letztendlich an soziale Vergleiche rückgebunden ist, sollte zumindest angedeutet werden.

Zudem kann jede kriteriale und individuelle Norm eigentlich immer bloß vor dem Hintergrund einer sozialen Norm gedacht werden, wie das Wort „Norm“ als Berücksichtigung eines nach Durchschnittswerten festgelegten und zu erreichenden Standards ja auch verdeutlicht. Bei den typisch grundschulspezifischen Inhalten wie Lesen, Schreiben, Rechnen, die letztendlich nur als Ergebnisse Jahrhunderte alter sozialer Konventionen verstanden werden können, ist dies besonders offensichtlich. Die unvermeidliche Folge radikal individueller Normorientierung wäre die totale Isolierung und Selbstselektion.

Zur Ehrenrettung der Verfechter einer individuellen Bezugsnorm lässt sich allerdings auch konstatieren, dass diese in aller Regel wohl nicht wirklich konsequent und folgerichtig angedacht ist, sondern lediglich als ein Voranschreiten hin zu selbstverständlich gesellschaftlich vorgegebenen und sozial normierten Zielen in individualisiertem und persönlichem Schritttempo verstanden wird (vgl. Bartnitzky 1997).

Für die Auseinandersetzung zwischen pädagogischem und gesellschaftlichem Leistungsbegriff scheint die Suche nach der passenden und besten Bezugsnorm zweifellos in die ausschlaggebende Gretchenfrage zu münden: Muss Leistung in einen sozialen Vergleich mit den Leistungen anderen Menschen gebracht werden, um überhaupt als Leistung angesehen, bezeichnet und bewertet zu werden (vgl. Oelkers & Krichbaum 1998)? Diese Frage reicht in ihrer ganzen Tragweite natürlich weit über Schule und Erziehung hinaus und berührt zutiefst unser gesellschaftliches und persönliches Selbstverständnis. Um eine Antwort werden wir sowohl gemeinsam wie auch individuell weiter ringen müssen.

6.3 Bewertungsgröße des gesellschaftlichen und pädagogischen Leistungsbegriffs: Produkt versus Prozess

Auch hier scheint die pädagogische Wertigkeit beim ersten Blick klar zu sein, dass nämlich das Maß an Anstrengung, Zeit, Kreativität und

Energie, das ein Schüler zur Verbesserung seiner Leistung eingesetzt hat, mindestens als ebenso wertvoll anzusehen ist wie das Endprodukt selbst. Und ganz unbestritten ist eine würdigende Rückmeldung zum eigenen Arbeitsprozess notwendig und ein unverzichtbares Kernstück pädagogischer Tätigkeit. Bei der Praktikabilität treten jedoch große Probleme auf. So kann beispielsweise das eine Kind nach monatelangem intensivem Training eine Schwimmzeit von dreieinhalb Minuten für 50 Meter erreichen, während ein anderes auf Grund besserer körperlicher Voraussetzungen mit dem halben Übungsaufwand die Strecke in zwei Minuten bewältigt. Prozess und Produkt ließen sich jetzt voneinander abtrennen und einzeln bewerten („Sehr gute Trainingsleistung" – „mittelmäßige Zeit" versus „Mittelmäßige Trainingsleistung" – „sehr gute Zeit"), wobei hierbei das Anlegen einer individuellen Bezugsnorm einen gewaltigen Aufwand bedeutet. Zudem bleibt die erziehlich und lernpsychologisch unbefriedigende Diskrepanz zwischen Aufwand und Ergebnis hierbei offensichtlich (vgl. Rheinberg 2004). Bei der primären Orientierung am Prozess ergeben sich darüber hinaus ganz pragmatische Probleme. Anstrengung und Arbeits- und Denkabläufe lassen sich häufig nur indirekt beobachten und rekonstruieren, weil sie eben bei abstrakten Inhalten nur durch hirnphysiologische Aktivierungsmuster identifiziert werden können. Doch selbst beim Nachweis intensiven Nachdenkens lässt sich in Einzelfällen kaum belegen, ob dieses Nachdenken jetzt der schriftlichen Subtraktion oder der bedenklichen Oberbekleidungswahl der Lehrkraft gegolten haben könnte. Außerdem müsste auch noch die Frage geklärt werden, inwieweit Fehler und Irrwege beim Übungsaufwand mit bewertet werden sollten, d. h. ist ein falsches, aber zeitintensives Schwimmtraining besser als ein richtiges, aber nur halbherzig betriebenes? Als letztes sei auch noch darauf verwiesen, dass ein ökonomisches Umgehen mit den eigenen Zeit- und Energieressourcen nicht nur ein wichtiges Erziehungs- und Bildungsziel darstellen, sondern m. E. auch ein zentrales Grundmoment allen Lebens. Das Prinzip, Ziele mit möglichst geringem Aufwand zu erreichen, dürfte als evolutionäres Erfolgsrezept für jede Lebensform gelten, von der Fruchtfliege bis zur Krönung der Schöpfung, dem Staatsbeamten.

Auch bei den Überlegungen zur Prozess- oder Produktorientierung lässt sich also keine einfache Lösung finden. Es steht schlicht und einfach zu befürchten, dass bei der – von der Sache her absolut plausiblen – Bewertung von Prozessen in bester pädagogischer Absicht neue Diffusitäten, Ungerechtigkeiten und Fehler entstehen.

6.4 Interaktionsmodus des gesellschaftlichen und pädagogischen Leistungsbegriffs: Konkurrenzorientierung versus soziales Miteinander

Bei der Positionierung von sozialem Miteinander gegen das Konkurrenzprinzip scheint das pädagogische Handeln eindeutig ausgerichtet werden zu müssen. Natürlich steht Schule in ihren übergeordneten Bildungszielen im Dienste umfassender Sozialerziehung und der betonten Gleichwertigkeit und Gleichrangigkeit heterogener Leistungen. Jedoch darf m. E. damit nicht eine harmonistische Gemeinschaftsideologie verbunden werden, die die vom Bildungssystem unausweichlich produzierten Qualitätsunterschiede wegpädagogisiert. Vielmehr bedeutet soziales Miteinander ja gerade auch das Ringen um gute und bessere Lösungen, um mehr und herausragende Leistungen, um tragfähigere Erkenntnisse durch die gemeinsame soziale Co-Konstruktion, den analytischen Vergleich, der manchmal eben auch die Auseinandersetzung untereinander mit sich bringen kann. Diese Konkurrenz der Meinungen und Leistungen nicht zu negieren und zu überdecken, aber in eine für alle tragfähige Behandlungsform und Diskurskultur zu bringen, scheint mir ein schulisch gangbarer Weg zu sein, die viel gescholtene Konkurrenzorientierung gerade als wichtigen Bestandteil des sozialen Miteinanders zu verstehen.

Außerdem beruht jede Form von Demokratie notwendigerweise auf dem Konkurrenzprinzip, auf einem Wettstreit (nicht der gegenseitigen Vernichtung!) der Meinungen, der Fähigkeiten und der Argumente, ohne dass damit ein soziales Miteinander verloren gehen muss. Es lässt sich sicherlich gerade aus pädagogischer Perspektive die Forderung aufstellen, das produktive Aushalten von Konkurrenz und Ungleichwertigkeit zum unumgänglichen Bestandteil sozialen Miteinanders zu machen. Dies bedeutet eine bipolare soziale Verantwortung: Sowohl das Überlegen-Sein und Recht-Haben ohne Überheblichkeit wie auch das Unterlegen-Sein und Unrecht-Haben ohne Demütigung zu erleben. Daher darf durchaus nachgefragt werden, ob die Überbetonung sozialer Gemeinschaftlichkeit u. U. nicht eher aus dem Harmoniebedürfnis der Pädagogik als aus humaner Notwendigkeit geboren ist. Hinzu kommt zudem, dass eine wirkliche Alternative zu dem schlichten Grundprinzip, dass das Bessere der Feind des Guten sei, wohl weder in der Schule noch in der Gesellschaft zu erkennen sein dürfte. Man muss ganz im Gegenteil befürchten, dass viele Vorschläge, neben den kognitiven Leistungen auch die sozialen Kompetenzen, die Teamfähigkeit und das Miteinander-Umgehen in die Bewertung und Begutachtung mit aufzunehmen, in menschenfreundlicher Absicht das Konkurrenzprinzip in alle Regionen der Sozialfähigkeiten und Charaktermerkmale hinein ausweiten (vgl. Jung & Nießeler 2011).

6.5 Reichweite des gesellschaftlichen und pädagogischen Leistungsbegriffs: Isolierte Fähigkeiten versus ganzheitliche Persönlichkeitswürdigung

Der Anspruch, nicht nur einzelne Wissens- oder Könnensbereiche, sondern die gesamte Persönlichkeit des Schülers zu würdigen und zu bewerten, ist zweifelsohne begrüßenswert und aus dem Erziehungsauftrag der Schule heraus auch problemlos zu rechtfertigen. Allerdings resultiert daraus wiederum die profane Schwierigkeit, dass eine klare und operationalisierbare Zielvorgabe für Persönlichkeitsbildung kaum zu formulieren und noch schwerer zu messen ist. Beim Erfassen von allen möglichen Persönlichkeitsdimensionen wie Neugierverhalten oder Anstrengungsbereitschaft (vgl. Jürgens & Sacher 2000, 13) ergibt sich für den Lehrer einfach das pragmatische Problem, dass viele Einzelheiten aus dem Seelen- und Familienleben der Schüler gar nicht registrier- und erst recht nicht ernsthaft bewertbar sind. Nach welchen Maßgaben sollen ein zögerliches oder tatendurstiges Naturell oder gar ein deviantes Familienumfeld, ein alkoholabhängiger Stiefvater oder der Tod des Goldhamsters mit gemessen, mit berücksichtigt und mit beurteilt werden, wie es durch die ökosystemische Betrachtungsweise implizit einfordert wird (vgl. Bronfenbrenner 1989)? Daneben spricht aus dem Versuch, die Gesamtpersönlichkeit des Schülers zu würdigen und zu beurteilen, auch ein gewisser pädagogischer Allmachtsanspruch. Denn, und das dürfte der wichtigste Vorbehalt sein, gibt es nicht Regionen in der Persönlichkeitslandkarte des Schülers, die Lehrer und Schule nicht zu betreten haben, die mit allem Recht quasi „terra incognita“ bleiben müssen, die sich also dem Zugriff der Schule entziehen dürfen (vgl. Jung & Nießeler 2011)? Die Gefahr besteht sicher zu Recht, dass gerade durch die „ganzheitliche“ Ausweitung der Beurteilungsdimensionen auch persönliche Anlagen und charakterliche Merkmale unter das Diktat des Leistungsprinzips genommen werden, die davon eigentlich befreit sein sollten.

6.6 Bewertungsinstanz des gesellschaftlichen und pädagogischen Leistungsbegriffs: Fremdbeurteilung versus Selbsteinschätzung

Bei diesem letzten Unterscheidungsmerkmal zwischen gesellschaftlichem und pädagogischem Leistungsbegriff sind die Differenzen eher gradueller, weniger grundsätzlicher Natur. Dass es im Sinne einer umfassenden Persönlichkeitsbildung ein wichtiges Anliegen sein muss, bei jedem Schüler ein realistisches und tragfähiges Selbstkonzept zu entwickeln, dürfte als unbestritten gelten. Bei der Bewertung der eigenen Leistung mit einbezogen zu werden, kann für den Aufbau der internen Attribuierung von Leistung, also einer fundierten Selbstwirksamkeitsüberzeugung als integralem Teil der eigenen Identität, sehr wichtig sein (vgl. Martschinke 2011). Die Gefahren von Überforderung und Verzerrung durch die autoreflexive Zumutung einer aussagekräftigen Selbstbewertung ist natürlich je nach Schülerpersönlichkeit potenziell immer vorhanden und erfordert ebenso durchdachtes wie taktvolles Lehrerhandeln.

Der Bereich Fremd- versus Selbsteinschätzung lässt sich daher aus meiner Sicht mit einem relativ unkomplizierten Fazit abschließen: Wo immer es möglich ist, sollte die Selbsteinschätzung der Schülerinnen und Schüler mit einfließen, auch wenn jederzeit unter dem Gebot größtmöglicher Transparenz klar gemacht werden muss, wer für die endgültige Bewertung verantwortlich zeichnet – wenn sie denn notwendig sein sollte.

6.7 Zwischenfazit: Chancen und Grenzen des pädagogischen Leistungsbegriffs

Bei einer genaueren Betrachtung und bilanzierenden Analyse der einzelnen Bestimmungsmerkmale des pädagogischen Leistungsbegriffs im Vergleich mit dem gesellschaftlichen werden also drei Punkte deutlich:

- Erstens bleibt der pädagogische Leistungsbegriff, trotz aller pädagogisch wertvollen und grundsätzlich begrüßenswerten Zielsetzung, vor allem bei der konkreten Umsetzung recht unscharf.
- Zweitens wirft die Konzeptionierung und Realisierung des pädagogischen Leistungsbegriffs eine ganze Reihe teils prinzipieller, teils pragmatischer Probleme auf, die bedauerlich ungelöst erscheinen.
- Und zum dritten muss er insgesamt eher als eine Modifikation und Ergänzung des gesellschaftlichen Leistungsprinzips bezeichnet werden, aber keinesfalls als absoluter Gegensatz und Alternative, die den gesellschaftlichen Leistungsbegriff vollkommen ersetzen könnte.

Diese pragmatischen Schwierigkeiten und die begrifflichen und interpretatorischen Diffusitäten lassen eine echte Abklärung der Positiva oder Negativa der beiden Leistungsprinzipien etwa durch die Möglichkeiten der empirischen Unterrichtsforschung als sehr schwierig, wenn nicht unmöglich erscheinen. Die schlichte Frage, ob im schulischen Kontext eine Ablösung des gesellschaftlichen durch den pädagogischen Leistungsbegriff möglich und vorteilhaft ist, muss daher als noch ungelöst bezeichnet werden. In aller Regel geht es bei entsprechenden Untersuchungen lediglich um die Teilfrage zu den Vorteilen alternativer, meist verbal angelegter Beurteilungs- und Bewertungsformen, nicht um den (kaum realisierbaren) Gesamtkomplex des pädagogischen Leistungsbegriffs (vgl. bereits Benner & Ramseger 1985; ebenso Jachmann & Tillmann 2000). Aber auch auf diesem beschränkten Feld lassen sich, trotz aller berechtigten Kritik an den Mängeln der Leistungsbeurteilung durch Ziffernnoten, empirisch keine eindeutigen und klaren Vorteile alternativer Beurteilungsformen etwa bei der Reduktion oder gar Beseitigung von Schulangst oder Schulstress nachweisen (vgl. Götz 2005; Lehmann et al. 2011).

> „Überblickt man die vorstehenden Befunde zur empirischen Bewährung der Verbalzeugnisse und vergleicht damit die mit ihrer Etablierung in der Grundschule beanspruchten Zielsetzungen, so drängt sich ein Fazit auf, das mehr enttäuschte Erwartungen als erfüllte Hoffnungen umfasst. Von der Warte der Befürworter der Verbalbeurteilung aus betrachtet, sind die bislang vorliegenden forschungsbasierten Erkenntnisse über die geringen Wirkungseffekte notenfreier Zeugnisse auf die Leistungs- und Persönlichkeitsentwicklung der Grundschüler sicher als Enttäuschung einzustufen" (Götz 2005, 90).

Neben den geringen Wirkungseffekten treten bei den Verbalformulierungen auch noch gleichsam handwerkliche Mängel auf, die zu ausgesprochen interpretationsoffenen Beurteilungstexten oder eher nichtssagenden und formelhaften Stereotypen und Gemeinplätzen führen können. Die genannten Vorbehalte gelten daher

> „ebenso für die in mehreren Studien nachgewiesene unzulängliche Qualität der Berichtszeugnisse, die nicht mehr mit Anfangsschwierigkeiten gerechtfertigt werden kann, bedenkt man, dass zumindest in westdeutschen Grundschulen die Einführung der verbalen Leistungsrückmeldung länger als zwei Jahrzehnte zurückliegt" (ebd.).

Schlussendlich münden diese sowohl prinzipiellen wie systematischen und auch empirischen Vorbehalte beim Vergleich der beiden Leistungsvorstellungen in das eher bescheidene Fazit, dass eine echte Ablösung des gesellschaftlichen durch den pädagogischen Leistungsbegriff als kaum begründbar und kaum möglich bezeichnet werden muss. Es geht eher um die pädagogische Moderation einer intensiv in die Leistungsgesellschaft eingebetteten allgemeinbildenden Schule und um ein Vermitteln und möglicherweise durchaus kritisches Reflektieren dieser alles beherrschenden Leistungskultur.

6.8 Historisch-genetischer Rückblick: Die Entstehung des pädagogischen Lern- und Leistungsbegriffs im Strukturplan für das Deutsche Bildungswesen von 1970

Bereits im Zuge der Ende der 1960er Jahre einsetzenden so genannten Bildungsreform wurde im Strukturplan für das Deutsche Bildungswesen (1970) vom Deutschen Bildungsrat der ambitionierte Versuch unternommen, ein explizit pädagogisch orientiertes Leistungsverständnis neben dem gesellschaftlichen Leistungsprinzip zu etablieren. In diesem Bildungsplan, der als Strukturplan für das Bildungswesen auf der 27. Sitzung der Bildungskommission am 13. Februar 1970 verabschiedet wurde, kommt deutlich zum Ausdruck, dass der Zusammenhang von Lernen und Leisten als konstitutiv für das gesamte Erziehungs- und Bildungswesen angesehen und damit die pädagogisch ausgerichtete Leistungserziehung zur primären Bildungsaufgabe erhoben wird. Im Rückblick auf diese historische Entwicklung können möglicherweise ganz anschaulich die Chancen, aber auch die Problemstellen erkannt werden, die aus der Orientierung des Schulwesens am Leistungsprinzip resultieren und die auch heute noch zur Dysfunktionalität und internen Widersprüchlichkeit von Schule führen können. Der Deutsche Bildungsrat forderte daher unmissverständlich:

> „Das Leistungsprinzip, wie es im gesellschaftlichen Wettbewerb gilt, kann nicht auf den Bildungsprozess des Jugendlichen oder gar des Kindes übertragen werden. Der Wettbewerb muss vielmehr in Formen eingeübt werden, die dem

Alter entsprechen und frei sind von der Drohung lebenslanger Nachteile oder sozialer Deklassierung. Das Kind übersieht noch nicht, zu welchen späten Folgen ein Leistungsmangel führen kann. Die Ursachen für einen Leistungsmangel oder Leistungsabfall sind vom Kind gar nicht und vom Jugendlichen durchweg nicht allein zu verantworten. Zudem würde das uneingeschränkte Leistungsprinzip zu Störungen im sozialen System der Gruppe oder Schule führen und einen Kräfteaufwand fordern, zu dem das Kind noch nicht fähig ist und der erst allmählich eingeübt werden muss.

Gleichwohl sind von den Lernenden in Schule und Ausbildung Leistungen zu fordern. Die Erfahrung dieser Herausforderung ist für den Lernenden unentbehrlich, denn die Forderung von Leistung steht unter dem pädagogischen Prinzip der individuellen Förderung. Das pädagogische Leistungsprinzip gewährleistet zudem, dass der Lernende am Ende seiner Schul- oder Ausbildungszeit den harten gesellschaftlichen Leistungsanforderungen nicht unvorbereitet gegenübersteht.

Wenn auch Leistung in der Schule oder in der beruflichen Bildung gefordert werden und Leistung als pädagogisches Prinzip anerkannt wird, so darf die Anwendung dieses Prinzips doch keinesfalls zu einer Sozialauslese führen. Jene findet dann statt, wenn die geforderten Leistungen nicht aufgrund der schulischen Lernprozesse, sondern nur oder vornehmlich aufgrund der Herkunft des Lernenden aus einem bestimmten sozialen Milieu erbracht oder nicht erbracht werden können. Als Beispiel seien die Leistungen in Sprachen genannt, die im Gymnasium eine ausschlaggebende Rolle spielen. Dem Leistungsprinzip als einem pädagogischen Prinzip kann nur insoweit Geltung verschafft werden, als eine derartige Vermischung der Kriterien vermieden wird.

Die Geltung des pädagogischen Leistungsprinzips in der Schule – das Prinzip der Herausforderung, die keine Angst erzeugt – muss im Zusammenhang mit einem differenzierten Lernangebot gesehen werden. Leistungen in verschiedenen Bereichen (Sprachen, Naturwissenschaften, Mathematik, Sozialwissenschaften, musischer Bereich) müssen gleich ge-

> achtet und gleich bewertet werden. Nur die Gleichwertigkeit der Fächer kann Schülern unterschiedlicher Herkunft und mit verschiedener Lerngeschichte die gleiche Chance bieten, ein hohes Leistungsniveau zu erreichen.
>
> Ein besonderes Problem stellt der zeitweilige Leistungsabfall bei Kindern und Jugendlichen dar, der durch Wachstumskrisen oder soziale Umstände bedingt ist. Dieser wie auch andere Arten des Leistungsabfalls bedürfen der Hilfe der Bildungsberatung oder in besonderen Fällen auch des Arztes" (Deutscher Bildungsrat 1970/72, 35–36).

Aus den Formulierungen des Strukturplanes lassen sich bereits die Schwierigkeiten im Umgang mit dieser bipolaren Leistungsdefinition herauslesen; die Fortschritte hin zu einer Schule, die Leistung fordert, ohne Angst und Überforderung zu erzeugen, bleiben als pädagogische Aufgabe sicherlich aktuell.

Flankiert wurde seinerzeit diese leistungsorientierte Ausrichtung des Schulwesens durch einen Paradigmenwechsel innerhalb der Lern- und Begabungsforschung, wonach die kindliche Entwicklung nicht mehr als endogenetischer, also biologisch angelegter und determinierter Reifungsprozess gesehen wurde, sondern als ein dynamischer Prozess, der wesentlich von kontinuierlichen Lernerfahrungen und Lernanreizen bzw. angebotenen Entwicklungsaufgaben geprägt ist. Ergebnis dieser Forschungsbefunde war dementsprechend, dass Begriffe wie Lernfähigkeit, Lernprozess, Lernerfahrungen, Lernzuwachs und Lernleistung damit in den Vordergrund der Bildungsdebatte traten. Ausschlaggebender Bezugspunkt und zentrales Bestimmungsmoment für Bildsamkeit wurde der Lernbegriff, der damit gleichsam eine Verengung und Reduzierung der Sichtweise von Entwicklung und Bildung auf multiple Lernprozesse mit sich brachte. Andererseits ließen sich in dieser grundlagentheoretischen Aufbruchsstimmung Potenziale für das Bildungswesen aufdecken, die in der schulpädagogischen und didaktischen Diskussion bisher unter den bewahrenden Vorzeichen des Schutz- und Schonprinzips innerhalb einer volkstümlichen und kindorientierten Bildung ungenutzt blieben.

Der Strukturplan für das Bildungswesen hob daher für die erforderliche Neugestaltung des Primarbereichs die zentrale Bedeutung des frühkindlichen Lernens besonders hervor. Gerade unter der Prämisse, dass eine maßgebliche Aufgabe des Schulwesens im kompensatorischen Ausgleich von familiären Benachteiligungen und im Herstellen von Chancengleichheit bestehen würde, wurden die Möglichkeiten und Herausforderungen durch frühzeitige und umfassende Begabungsförderung geradezu euphorisch beurteilt. Dafür wurden Programme zur individuellen Förderung durch passgenaue und differenzierte Lernangebote entwickelt, die aber nicht nur im familiären und vorschulischen Bereich zum Einsatz kamen, sondern auch eine effektive Unterrichtsgestaltung mit sich bringen sollten. Die stärkere Betonung operationalisierbarer Lernziele rückte die Steigerung der Lernleistungen und das Ausschöpfen des individuellen Bildungspotenzials in den Mittelpunkt.

Inhaltlich traten neben eine frühzeitige Leseförderung auch Elemente der Mengenlehre als moderner Mathematik, aber auch vor allem natur- und sozialwissenschaftliche Inhalte, punktuell auch ein erster elementarer Fremdsprachenunterricht. Diese, ganz allgemein gesprochen, stärkere Betonung des fachspezifischen Lernens führte zu einer bemerkenswerten Niveausteigerung des Grundschulunterrichts und bewirkten letztendlich die längst überfällige konzeptionelle Modernisierung des Primarbereichs unter dem ambitionierten Leitziel der kompensatorischen Förderung von Bildungschancen (vgl. Neuhaus-Siemon 2000).

Allerdings verdeutlicht der historische Rückblick auch, dass sowohl diese optimistischen Erwartungen in das menschliche Lern- und Leistungsvermögen wie auch die Plan- und Machbarkeitsvorstellungen von Bildsamkeit derartig überhöht wurden, dass die im Strukturplan sicherlich zu Recht und in kompensatorischer Absicht geforderte gleichzeitige Pädagogisierung mehr zu einer Verschulung der Allgemeinbildung führte als zu einer Schule mit wirklich umfassendem Bildungscharakter.

Daher bleibt die Frage, ob diese Pädagogisierung der Kindheit mit ihren fördernden Rundum-Verschulungstendenzen nicht als eine Form der Entmündigung der kindlichen Individualität gelesen werden kann, wie es die in den 1960er Jahren entstehende historische und soziologische Kindheitsforschung teilweise nahelegt (vgl. von Hentig 1975; Ariès 2007). Unter dieser Perspektive erscheint es daher auch durchaus folgerichtig, dass Horst Rumpf den o. a. Gutachterbericht „Begabung und Lernen“ etwas überpointiert als eine „Bibel der Verschulung“ beschrieben hatte (vgl. Rumpf 1985; Jung & Nießeler 2011).

7

Leistungsfeststellung und Leistungsmessung

Nach den begrifflichen Klärungsversuchen zur Differenz zwischen eher pädagogisch oder eher gesellschaftlich orientierten Grundpositionen in der Leistungsproblematik sollen auf dieser Basis zunächst Zielsetzungen, Kriterien und Realisierungsformen einer möglichst optimalen Leistungsfeststellung aufgezeigt werden. Hierfür werden auch die basalen Unterschiede zwischen einer selektions- und einer förderorientierten Diagnostik herausgearbeitet werden, wobei natürlich das Hauptaugenmerk pädagogisch verantwortbarer Diagnostik immer auf dem Förderschwerpunkt liegen muss, um dies gleich am Anfang unmissverständlich klar zu stellen. Erst nach einer möglichst genauen Feststellung der jeweiligen Schülerleistung kann sich in einem zweiten Schritt eine Beurteilung dieser Leistung, also das Einordnen auf einem wie auch immer gearteten Bewertungssystem, anschließen, auch wenn diese beiden Schritte „Messung/Feststellung“ und „Beurteilung/Bewertung“ unter dem Diktat von Zeitökonomie und Routine in der schulischen Praxis meist in einen Arbeitsschritt zusammenfallen und daher in aller Regel gleichzeitig vorgenommen werden. Bei der Feststellung von zum Beispiel vier Rechtschreibfehlern in einem ungeübten Diktat wird daher normalerweise sofort eine Bewertung dieser Leistung als „gut“ oder „befriedigend“, also eine Einordnung auf der Notenskala unter „2“ oder „3“ erfolgen. Thorsten Bohl schlägt darüber hinaus einen noch differenzierteren, mehrstufigen Bewertungsmodus von Vorbereitungs-, Durchführungs- und Auswertungsphase vor, der v. a. für geöffnete Unterrichtsarrangements sinnvoll erscheint (vgl. Bohl 2004).

7.1 Förderdiagnostische Verfahren

Das Alltagshandeln jeder Lehrkraft wird generell durch fortlaufende diagnostische Akte gekennzeichnet. Jede Lehrerin und jeder Lehrer macht den Schülern zunächst Lernangebote, versucht Wissen und Kompetenzen zu vermitteln, erstellt entsprechende Fragen und Aufgaben dazu und kontrolliert schließlich, ob die erwarteten Lernergebnisse eingetreten sind, ob also der angebotene Lernstoff beherrscht wurde. Im Anschluss daran plant die Lehrkraft, abhängig vom festgestellten Lernfortschritt, dementsprechend das weitere didaktische Vorgehen.

Falls die Schüler die angebotenen und vermittelten Inhalte in der wünschenswerten und vorher festgelegten Weise reproduzieren oder anwenden konnten, lässt sich darauf aufbauend das nächste Lernziel angehen. Wenn dies überhaupt nicht oder in nicht ausreichendem Maße der Fall ist, muss natürlich zunächst nach den Gründen für dieses unbefriedigende Ergebnis gesucht werden. Diese Ursachen lassen sich in ganz unterschiedlichen Bereichen auffinden: Sie können in einer zu komplizierten Vermittlungsweise, in methodischen Unzulänglichkeiten wie in zu schnellem oder inkonsistentem Vorgehen oder stofflichen Überforderungen ebenso zu finden sein wie in fehlenden oder nicht ausreichend gefestigten Grundlagen, Begabungsdefiziten, Teilleistungsschwächen oder mangelnder Motivation auf Seiten des Lerners.

Im Grunde genommen präsentiert sich Unterricht daher im Idealfall als ein ununterbrochener Regelkreis, in dessen Ablauf ständig neue Hypothesen über das Gelingen oder Scheitern der Lernprozesse aufgestellt und anschließend überprüft werden, also als ein fortlaufender, systematischer Prozess, bei dem zu vermittelnde Inhalte, definierte Lernziele und die Diagnostik der Lernvoraussetzungen und der Lernwege permanent ineinander greifen. Bei diesem Erkenntnisprozess sind v. a. Grundschullehrerinnen und -lehrer in aller Regel auf die ihnen zur Verfügung stehenden Materialien angewiesen, die sich üblicherweise aus dem regulären Unterrichtsfundus ergeben: Dazu zählen vor allem Übungs- und Anwendungsaufgaben, deren korrekte Bearbeitung kontrolliert wird, wodurch sich eine doppelte Zielsetzung ergibt. Dienen doch die Aufgaben, die dem Schüler gestellt werden, sowohl der Kompetenz- und Wissensvermittlung als auch der Überprüfung der Lernfortschritte. Die damit gleichsam informell über das Kind gewonnenen Erkenntnisse können möglicherweise wesentlich genauer und individuell zutreffender sein als die generellen Aussagen, die mit Hilfe sogenannter standardisierter Tests gewonnen werden können (vgl. Lenhard 2005, 38 f.). Dies liegt im Kern daran, dass die unterrichtsnahe und nicht-standardisierte Diagnostik, die von Grundschullehrern im Schulalltag permanent angewendet wird, auf die Erreichung von via Lehrplan definierten Unterrichtszielen ausgerichtet ist. Primäre, immer wieder überprüfte Aufgabe ist damit, im besten Falle jedem Schüler das Erreichen dieser Ziele zu ermöglichen. Im Gegensatz zu dieser eher kriteriumsorientierten Vorgehensweise steht bei standardisierten Tests stärker der Vergleich der Leistung eines Kindes mit der Leistung einer definierten, möglichst breit angelegten Bezugsgruppe im Mittelpunkt.

Aus dieser beschriebenen Verfahrensweise lässt sich das zentrale und durchgängige Bestimmungsstück von Förderdiagnostik herleiten, nämlich das integrale Zusammenspiel von Diagnostik und Förderung (vgl. Breitenbach 2003). Dieser Begriff der Förderdiagnostik mit der bestimmenden Dualität von Diagnostik und Förderung wird in Abgrenzung zur reinen Selektions- oder Platzierungsdiagnostik verwendet, die lediglich zur Legitimierung bestimmter Selektionsentscheidungen dient. Der entscheidende und signifikante Unterschied zwischen Förderdiagnostik und Selektions- oder Platzierungsdiagnostik besteht darin, dass bei der Förderdiagnostik gleichermaßen Diagnostik und Förderung stattfinden muss, während sich die Platzierungsdiagnostik nur auf die reine Diagnostik mit anschließender Hierarchisierung der erhobenen Leistungsprodukte beschränkt.

Grundsätzlich muss aber zu diesem Begriffspaar angemerkt werden, dass alle Testinstrumente, und damit natürlich auch alle unterrichtlichen Aufgaben, die Grundschullehrer und -lehrerinnen an die Kinder stellen, weitgehend unabhängig von ihrem diagnostischen Design zu ganz unterschiedlichen Zwecken verwendet werden können. Sie können ebenso dazu instrumentalisiert werden, methodische Vielfalt zu entwickeln, die Förderung zu intensivieren, wie auch individuelle Lernerfolge zu erkennen und Wege der Wissensvermittlung zu verbessern, oder sie können auch zur Zuweisung bestimmter Rangplätze, zur Einordnung in Kompetenzniveaus oder zukünftige Bildungsgänge, also zur Selektion, gebraucht werden. In diesem Zusammenhang muss zudem beachtet werden, dass auch die Selektion an sich nicht prinzipiell moralisch und ethisch zu verurteilen ist. Selektion, also Unterscheidung und Abgrenzung, bedeutet zunächst nicht mehr als das Festlegen bestimmter Leistungsunterschiede und ein Eingruppieren der Schüler in diese Korridore des Könnens mit der Möglichkeit eines im Idealfall genau passenden Lernangebots unter der Leitvorstellung einer adaptiven Didaktik (vgl. Einsiedler 2011). Dies ist im Sinne einer Ökonomisierung des Umganges mit schulischen Ressourcen unumgänglich, wenn in begrenzter Zeit und mit begrenztem Aufwand herausgefunden werden muss, in genau welcher Weise und mit welchem methodischen und materialen Einsatz welches Kind gefördert werden kann. Jede Form von Diagnostik aber, die lediglich zu dem Zweck verwendet wird, um Schüler auszusondern, ohne ihnen die für sie passenden Lernangebote und Fördermaßnahmen anzubieten, muss als unpädagogischer Missbrauch der diagnostischen Mittel abgelehnt werden.

7.2 Kriterien der Leistungsfeststellung, -messung und -beurteilung

Grundsätzlich bestehen für alle Leistungsmessungen zwei Basisanforderungen, die immer erfüllt werden sollten: Dies ist zum einen die Forderung nach einer Variabilität und Streubreite der Leistungsfeststellung, dass also jede Kompetenz in möglichst abwechslungsreicher Form erbracht und gemessen werden soll, sei es mündlich, schriftlich, praktisch, visuell, haptisch, usw. Zum anderen muss auf die Proportionalität des Abbildes geachtet werden, wodurch die Arbeitsschwerpunkte des Unterrichts auch in angemessener Art und Weise in der Leistungserhebung Berücksichtigung finden. Ein im Unterricht nur randständig behandeltes Gebiet sollte also, kurz gesagt, nicht überproportionaler Schwerpunkt der Lernzielkontrolle werden (vgl. Schröder 2001; Sacher 2005).

Zudem gelten als zentrale Anforderungen an alle denkbaren Messungen (und die folgenden Beurteilungen), dass sie objektiv (also unabhängig vom Beurteiler; d. h. mehrere Beurteiler kommen zum gleichen Ergebnis), reliabel (also zuverlässig; d. h. die Leistung kann in einer anderen Situation reproduziert werden) und valide (also gültig; d. h. sie gibt wirklich das wieder, was sie zu messen vorgibt, nicht etwa gutes Aussehen oder bestechende Sprachgewandtheit) sein müssen (vgl. Zumhasch 2011, 288).

Vor allem beim Einsatz standardisierter Tests muss diesen verschiedenen Qualitätskriterien der Objektivität, Reliabilität und Validität Genüge geleistet werden. Zudem gibt es darüber hinaus etliche weniger bekannte Nebenkriterien, die für die Lehrkräfte jedoch relevante Hinweise über die mögliche Anwendbarkeit in der Schule geben (vgl. Lienert & Raatz 1998).

Die Objektivität mit Blick auf die Durchführung, Auswertung und Interpretation des Verfahrens wird durch genaue Vorgaben hinsichtlich der Anwendung des Tests, der meist wörtlich einzuhaltenden Instruktion der Kinder und der Anleitung zur Ermittlung der Testergebnisse gewährleistet. In den Testmanuals findet sich auch eine Erklärung, was die Testergebnisse bedeuten. Im Sinne möglichst großer Objektivität ist es nötig, sich denkbar exakt an die Vorgaben des Manuals zu halten.

Die Reliabilität, also die Zuverlässigkeit eines Tests lässt sich in die Subkriterien Retestreliabilität, Paralleltestreliabilität und interne Konsistenz ausdifferenzieren. Es kann mit einem Re-Test oder Post-Test überprüft werden, ob die Leistungsergebnisse eines Schülers innerhalb einer definierten Zeit stabil bleiben, was üblicherweise in der Schulleistungsdiagnostik einen Zeitraum von zwei Wochen bis zu einem Vierteljahr umfasst. Daneben müssen inhaltlich und formal parallelisierte

Versionen eines Verfahrens zum gleichen Messergebnis führen, was für eine ausreichende Paralleltestreliabilität spricht; mit interner Konsistenz ist gemeint, dass innerhalb der einzelnen Untertests die Aufgaben möglichst homogen sein sollten. Die Reliabilitätskoeffizienten eines standardisierten Verfahrens sollten (bei einem Wertebereich von –1 bis +1) mindestens 0,8, nach Möglichkeit jedoch über 0,9 betragen, wenn bei der Messung zu große Fehler ausgeschlossen werden sollen (vgl. Lenhard 2005, 43).

Auch das Kriterium der Gültigkeit, der Validität, lässt sich in verschiedene Unteraspekte ausdifferenzieren, von denen hier lediglich die wichtigsten Punkte herausgegriffen werden sollen. An erster Stelle ist die Konstruktvalidität zu nennen, von der man dann sprechen kann, wenn die Testaufgaben das zugrunde gelegte Modell der Leistung vollständig erfassen, also ein Rechtschreibtest wirklich die Rechtschreibleistung misst und nicht die Fähigkeit zum Schlussfolgern, Nachschlagen oder Lautieren (oder gar zum Abschauen!). Interne Validität bedeutet, dass die Mess- und Untersuchungsergebnisse weitestgehend frei sind von verzerrenden und störenden Umwelteinflüssen, die bei einer Interpretation mit berücksichtigt werden müssten.

> „Eine Untersuchung ist intern valide, wenn ihr Ergebnis eindeutig interpretierbar ist. Die interne Validität sinkt mit wachsender Anzahl plausibler Alternativerklärungen für das Ergebnis auf Grund nicht kontrollierter Störvariablen" (Bortz 2005, 8).

Mit externer Validität wird dagegen angegeben, ob die erzielten Testergebnisse auch auf Situationen außerhalb der Testung übertragbar sind, also im schulischen Bereich etwa die möglichst ausreichende Berücksichtigung lehrplanmäßiger Inhalte und Vorgaben und die Anwendung in außerschulischen Anforderungssituationen.

> „Eine Untersuchung ist extern valide, wenn ihr Ergebnis über die besonderen Bedingungen der Untersuchungssituation und über die untersuchten Personen hinausgehend generalisierbar ist. Die externe Validität sinkt mit wachsender Unnatürlichkeit der Untersuchungsbedingungen" (Bortz 2005, 8).

Auf diese beiden Aspekte der Validität sei hier etwas ausführlicher hingewiesen, weil gerade im hochkomplexen Unterrichtsgeschehen mit einer Überfülle möglicher Zusatzvariablen der Spagat zwischen interner und externer Validität, also der Labor- und der Feldforschung, nur mit Einschränkungen vollzogen werden kann.

> „Weitere wichtige Formen der Validität (Vorhersagevalidität, Übereinstimmungsvalidität) beschreiben, ob die Messergebnisse des angewendeten Verfahrens mit den Ergebnissen in anderen Verfahren, der Lehrereinschätzung oder anderen Kriterien übereinstimmen. Im Falle der Vorhersagevalidität wird geprüft, ob ein Test, der Schulerfolg vorhersagen soll, wirklich ein sicheres Urteil erlaubt" (Lenhard 2005, 43).

Gerade bei der Vorhersagevalidität ist genau zu prüfen, ob sich hier wirklich eine belastbare Korrelation, d. h. ein Korrelationskoeffizient mit den externen Kriterien wie etwa der Einschätzung durch die Lehrkraft, von mindestens 0,5 vorliegt. Zuverlässige, belastbare und wirklich aussagekräftige Vorhersagen etwa zum prognostizierten Risiko einer Lese-Rechtschreibschwäche mit Hilfe des Bielefelder Screenings sind ebenso schwierig wie vieldiskutiert (vgl. Hofmann & Sasse 2005).

Außer den drei skizzierten Hauptgütekriterien Objektivität, Reliabilität und Validität existieren in der Forschung noch sogenannte Nebengütekriterien, die sich mit eher pragmatischen Aspekten der Durchführung und Auswertung befassen. Hier geht es demnach vor allem um die Frage, ob der Test einfach, vielleicht sogar lehrersicher eingesetzt und ausgewertet werden kann, ob es ein individueller oder ein Massentest ist, ob er auch lediglich in ausgewählten Einzelteilen, selektiv oder informell zu nutzen ist und natürlich nicht zuletzt auch, ob er hinsichtlich des Aufwandes, der Zeit und der Kosten ökonomisch erscheint. Daneben sollte auch berücksichtigt werden, ob für den Test bereits Normen, also Gütemaßstäbe für die Bewertung, vorliegen (vgl. Lenhard 2005).

7.3 Schulleistungstests und standardisierte Verfahren

Oberstes Ziel sowohl der standardisierten Tests wie beispielsweise der Würzburger Leise-Lese-Probe (WLLP; Küspert & Schneider 1998), des Salzburger Lese-Rechtsschreibtests (SLRT; Landerl 2000), der bundesweiten VERA-Aufgaben oder des Deutschen Mathematiktests (DEMAT; Krajewski, Küspert & Schneider 2002) wie auch der zahlreichen nicht-standardisierten, informellen Verfahren innerhalb des Unterrichts muss also die Identifizierung geeigneter Beschulungs- und Fördermaßnahmen von Kindern sein, also der Aufbau einer konstanten, systematischen lernprozessbegleitenden Diagnostik (vgl. Ricken 2006). Die reine Zuordnung von Kindern zu einer bestimmten Schulform vermag ja keinerlei Anhaltspunkte für eine Förderung zu liefern, wie die nachfolgende Übersicht mit der Gegenüberstellung von Förder- und Platzierungsdiagnostik verdeutlichen soll. Wolfgang Lenhard ist an dieser Stelle nur zuzustimmen, wenn er zusammenfasst: „Das Ziel der Anwendung pädagogisch-psychologischer Testverfahren im Sinne der Förderdiagnostik ist die Ermittlung der Stärken und Schwächen des Kindes mit dem Ziel der adäquaten Förderung" (Lenhard 2005, 39).

	Förderdiagnostik	**Platzierungsdiagnostik**
Zielsetzung	• Diagnose von Lernschwierigkeiten	• Selektion
Vorgehen	• Analyse des Lern- und Leistungsverhaltens	• Bewertung des Leistungsstandes
Konsequenzen	• Ableitung von Fördermaßnahmen • Zone der nächsten Entwicklung • Intervention	• Notenvergabe • Entscheidung über Versetzung und Schullaufbahn

Abb. 3: Gegenüberstellung von Förder- und Platzierungsdiagnostik (Lenhard 2005, 39, nach Breitenbach 2003)

Für den besonderen Bereich der Grundschule ist die Anwendung standardisierter Tests, die in aller Regel lernpsychologisch konzipiert und erprobt wurden, sowohl mit Diskussionen wie mit Verunsicherungen verbunden. Gerade zur Durchführung solcher Tests fühlen sich Regelschullehrkräfte oftmals weder legitimiert noch befähigt. Grundsätzlich lässt sich aber sagen, dass die Anwendung keine Probleme bereitet, solange es sich um Verfahren mit unmittelbarem Bezug zum konkreten Unterricht handelt, wie z. B. den DEMAT 1+, der spezifische mathematische Schwächen und Probleme zu identifizieren vermag und aus dessen Durchführung sich direkte Hinweise auf eine verbesserte Beschulung der Kinder herleiten lassen. Allerdings dürfen auf Grundlage der Testergebnisse nur dann schriftliche Gutachten, Empfehlungen zur Schullaufbahn usw. erstellt werden, wenn die diagnostizierende Person hierfür eine spezifische psychologische oder sonderpädagogische Ausbildung durchlaufen hat. Ohnehin empfiehlt es sich, in zeitlichem Vorlauf die Schulleitung und die Erziehungsberechtigten zu informieren und die Genehmigung der Eltern einzuholen, um alle Unsicherheiten über die rechtliche Zulässigkeit der Testanwendung, aber auch deren pädagogische, lernpsychologisch und förderdiagnostische Sinnhaftigkeit, nach Möglichkeit auszuräumen.

8

Leistungsbeurteilung und Leistungsbewertung

An die vorausgegangenen Überlegungen zur Leistungsfeststellung und -messung schließt sich üblicherweise der noch sensiblere Bereich der Leistungsbeurteilung und -bewertung an. Wie bereits angesprochen, vermischen sich diese beiden Ablaufschritte in der schulischen Praxis vermutlich in den meisten Fällen; zum besseren Verständnis und aus Gründen der Folgerichtigkeit seien sie hier aber getrennt dargestellt.

Als definitorische Eingrenzung lässt sich (Leistungs-)Bewertung im Allgemeinen recht übersichtlich zusammenfassen: „Bewertung bezeichnet das Zumessen eines Wertes oder von Bedeutung, das Einschätzen einer Sachlage oder Situation oder eines Produktes, einer Leistung, seltener einer Person“ (Kleber in Krüger & Helsper 2006, 116).

Die Definition von (Leistungs-)Beurteilung, die sich ebenfalls bei Kleber findet, fällt dem gegenüber erheblich komplexer, folgenreicher und wirkmächtiger aus:

> „Beurteilung bezeichnet die Abgabe eines Urteils. Der Begriff hat in konnotativer Anlehnung an gerichtliche Urteilsbildung und -verkündigung einen definitiveren Charakter. Er stellt die offizielle Bezeichnung für Notengebung in der Schule dar und ist in diesem Zusammenhang unmittelbar auf Personen bezogen. Ihm ist eine besondere Problematik eigen, das kommt durch die verhängnisvolle Forderung, ‚Kenntnisse und Fähigkeiten' der Schüler zu beurteilen, dabei wäre es der Sache angemessener und würde den Kompetenzen der LehrerInnen viel besser entsprechen, wenn zwar Kenntnisse, darüber hinaus aber nur Fertigkeiten bewertet werden sollten" (Kleber a. a. O., 116).

Wie unschwer zu erkennen, wird bei dieser begrifflichen Klärung und Beschreibung die Problemhaftigkeit der Leistungsbeurteilung bereits in Umrissen sichtbar. Max Liedtke gibt der terminologischen Annäherung an „Beurteilung" noch eine allgemeinere, anthropologische Dimension, wenn er schreibt:

> „Die Beurteilung von Leistung ist ein Bestandteil der menschlichen Wahrnehmungsfähigkeit. Wir können nicht wahrnehmen, ohne zu beurteilen. Schon aus Gründen des Taktes wird man sich mit seinen Urteilen anderen Menschen gegenüber zurückhalten. Pädagogisch ist aber eine gänzliche Zurückhaltung nicht vertretbar, weil in der Beurteilung auch ein wesentliches Moment der sozialen Rückmeldung und damit der Orientierung für das Kind liegt. Eine formalisierte L.[eistungs] messung wäre für diese pädagogisch notwendige Rückmeldung allerdings nicht erforderlich" (Liedtke 2004, 279).

Es geht also bei allen Fragen der Beurteilung von Leistung um eine wertende Zuweisung von vergleichenden Aussagen über Schülerleistungen, die gemeinhin in Form von Noten, Punkten, mündlichen oder schriftlichen Verbalformulierungen erfolgen. Im Dienste einer übersichtlichen Argumentations- und Gedankenführung sollen „Bewertung" und „Beurteilung" im Folgenden weitgehend synonym verwendet werden, auch wenn die Überlegungen Klebers bezüglich einer feineren Differenzierung zwischen diesem Begriffspaar durchaus nachvollziehbar sein dürften.

Es liegt auf der Hand, dass die blanke Feststellung einer Leistung oftmals noch einigermaßen transparent, einfach und emotionslos vorgenommen werden kann; es lässt sich, bei allen angedeuteten Schwierigkeiten hinsichtlich Objektivität, Validität und Reliabilität und in Abhängigkeit vom vermittelten Unterrichtsinhalt, doch meist nachvollziehbar kommunizieren, dass beispielsweise in einem Rechtschreibtest 15 richtige Wörter zu finden waren oder 12 von 14 Subtraktionsaufgaben korrekt gelöst wurden. Wirklich diffizil wird erst die Einordnung dieser gemessenen Leistung auf einer wie auch immer normierten (und damit auch bewertenden) Skalierung. Im einfachsten Fall wie etwa bei einer Fahrradprüfung kann zwischen bestanden und nicht-bestanden unterschieden werden, also den Anforderungen „genügend" oder „nicht-genügend". Selbst an diesem simplen Beispiel der Fahrradprüfung während der Verkehrserziehung der 4. Klasse werden die Schwierigkeiten der Bewertung sichtbar: Wo soll eine Grenze zwischen genügend und nicht-genügend gezogen werden? Bedeutet das einmalige Übersehen eines Verkehrszeichens oder ein kaum sichtbares Handzeichen beim Linksabbiegen schon „Nicht-bestanden"? Müssen es mindestens drei falsche Reaktionen sein, damit die Prüfung als „Nicht-bestanden" zu bewerten ist? Und welche Relation besteht zwischen diesen Fehlern, die sich ja je nach Verkehrssituation ganz unterschiedlich auswirken könnten, von lebensbedrohlich bis folgenlos?

In den anderen schulischen Bereichen verfügen Lehrkräfte, je nach nationalen Vorgaben[5], gemeinhin nicht nur über diese grobkörnige, quasi zweistufige Skala bei der Zensuren- und Zeugnisvergabe, sondern über ein ausdifferenziertes und elaboriertes System von sechs bis zehn Notenstufen, A- oder O-levels oder eine 15-stufige Punktetabelle. Dass damit die Frage der Bewertung nicht grundsätzlich entschärft, sondern nur feiner justiert wird, dürfte einsichtig sein (vgl. Avenarius 2004).

---

5 In der Praxis reduziert sich auch diese ausgefeilte und vielstufige Form etwa bei der Berechnung des Notendurchschnittes bei der allgemeinen Hochschulreife, dem Abitur, ebenfalls auf ein einfaches „Für-diesen-Studiengang-berechtigend" oder „Nicht-berechtigend", wenn es um die Zulassung zu begehrten und zulassungsbeschränkten Studienfächern geht. Vergleichbares gilt auch für die sogenannte „Staatsnote", die als radikale Schnittkante nach dem Referendariat über die Übernahme der Junglehrer in den Staatsdienst entscheidet.

Als ergänzendes Hintergrundwissen zur Noten- und Zensurengebung in ihrer historischen Entwicklung und juristischen Festlegung, aber auch in aktuellen Varianten und in ihrer Wahrnehmung durch die Erziehungsberechtigten, seien an dieser Stelle vier kurze Exkurse eingefügt.

Exkurs I: Die Entwicklung des Zeugniswesens und der Benotungsverfahren

Bereits in den frühen Hochkulturen der Antike gab es Belege für informelle, eher qualitativ angelegte Leistungsbewertungen, mit punktueller Befundlage für den ägyptischen und sumerischen Raum, zahlreicher für die griechische und römische Epoche. Bis zum Ende des Mittelalters gab es in aller Regel in den Schulen, die ja ohnehin für die meisten Kinder nur als kurzzeitige Ausnahmesituation gelten musste, keine festgelegten Ziffernnoten oder formalisierte Überprüfungen von Leistungen (vgl. Liedtke 2004). Gewöhnlich legte der Vater gemeinsam, also quasi in einer Vorform eines individuellen Lernzielkataloges, mit dem Schulmeister fest, welche Inhalte und Fähigkeiten dem Kind vermittelt werden sollten, wie das Schreiben und Lesen oder die Grundrechenarten. Später ließ sich dann diese kriteriumsorientierte Zielvereinbarung mit der Demonstration der gewünschten Fertigkeiten überprüfen. Ungefähr mit der Wende zum 16. Jahrhundert ging man, besonders angeregt durch die Prüfungs- und Gratifikationspraxis des Jesuitenordens, dazu über, die Leistung durch die Vergabe von festgelegten Ziffern, den sogenannten Noten, zu bewerten. Auch die zusammenfassenden Zeugnisse, oftmals bezeichnenderweise auch als „Giftzettel" oder „-blätter" bekannt, gibt es in den europäischen Ländern etwa seit dem Jahr 1500. Allerdings wurde erst gegen Ende des 18. Jahrhunderts durch den preußischen Staats- und Justizminister von Zedlitz mit dem „examen abiturium" eine Schulabgangsprüfung mit Zeugnischarakter eingeführt, die zu einem weiteren Bildungs- und Berufsweg berechtigte. Die Volksschulentlasszeugnisse dienten zudem auch zum Schutz der Heranwachsenden vor Kinderarbeit und wirtschaftlicher Ausbeutung, da sie einen regelmäßigen Schulbesuch attestieren sollten. Die bis dato klar kriteriums- und förderorientierte Zensurenvergabe erfuhr dann also ab dem Beginn des 19. Jahrhunderts eine allmähliche Umfunktionalisierung hin zu einem Berechtigungsnachweis. Diese jahrhundertelange Diskussion um einheitliche und vergleichbare Schulabgangs- bzw. Berechtigungszeugnisse für die Zulassung zum Hochschulstudium muss aber in Deutschland nach wie vor als unabgeschlossen angesehen werden (vgl. Blankertz 1992, 197).

Etymologisch lässt sich das Wort ‚Zensur' auf das lateinische „censere" zurückführen, was so viel wie „schätzen, beurteilen, bewerten" bedeutet und mit dem Substantiv Censor auch eine wichtige berufliche Position innerhalb der römischen Republik bezeichnete. Der Begriff ‚Note' stammt ebenfalls aus dem Lateinischen, von dem Wort „nota" bzw. „notus". Diese Partizipperfektform des Verbs „noscere" („kennen, wissen") bedeutet ganz neutral zunächst einmal „Kennzeichen, Merkmal, (Gedenk-)Inschrift oder einzelnes Schriftzeichen", kann aber auch negativ als „Tadel, Schandfleck, festgestellter Mangel" verstanden werden.

Für die Noten- und Zeugnisvergabe wurde schon in den Jesuitenschulen der frühen Neuzeit eine sechsstufige Unterteilungen vorgesehen, die sich bis in die aktuellen Ausformungen hinein feststellen lässt, auch wenn die praktizierten Abstufungen zwischenzeitlich immer wieder modifiziert wurden. Diese Unterscheidungen reichten von „sehr gut", über „gut" und „durchschnittlich, zufriedenstellend", dann „ausreichend, zweifelhaft" bis zu „mangelhaft, zurück zu haltend" und schließlich als negativstes „ungenügend, zurück zu weisend, weg zu werfend". Die damals üblichen lateinischen Bezeichnungen lauteten „optimus, bonus, mediocris, dubius, retinendus, reiciendus".

Ganz ähnlich, wenn auch im Mittelbereich ein wenig gröber strukturiert, liest sich die inzwischen (in Deutschland bis ins erste Drittel des 20. Jahrhunderts übliche) weniger verbreitete Fünfer-Einteilung, deren lateinische Adverbialformen (optime, bene, sic satis oder rite, male, pessime) teilweise etwa in den Promotionsordnungen vieler Universitäten immer noch Verwendung finden[6].

6 Die alltagssprachliche Wendung „unter aller Kanone" für eine absolut untaugliche, gar nicht mehr zu bewertende Leistung ist eine schlichte umgangssprachliche Verballhornung des ursprünglichen „sub omni canone" bzw. „sub omnibus canonibus", also „unterhalb von allen Maßstäben/Messgrößen/Skalierungen" liegend.

Ab dem Jahre 1938 wurde das vorher fünfstufige Notensystem in Deutschland auf die allseits bekannten und üblichen sechs Stufen erweitert: 1 (sehr gut), 2 (gut), 3 (befriedigend), 4 (ausreichend), 5 (mangelhaft) und 6 (ungenügend). Diese deutschlandweit[7] gültige Vorgabe wurde im Zuge der Vereinheitlichung und Vergleichbarkeit der bundesweiten Schulleistungsbewertung zuletzt durch das Hamburger Abkommen vom 28. Oktober 1964 und durch den KMK-Beschluss vom 3. Oktober 1968 in ihren inhaltlichen und definitorischen Zuschreibungen festgelegt und sind seitdem trotz aller föderaler Abweichungen und Interpretationsspielräume grundsätzlich bis heute gültig. Im schulstrukturell ganz ähnlichen Österreich ist dagegen die fünfstufige Notenskala auch heute noch im Gebrauch, in der Schweiz findet wiederum eine sechsstufige Unterteilung Verwendung, wobei hier die 1 die schlechteste, die 6 die beste Note bezeichnet (vgl. Avenarius 2004).

Ab der Jahrgangsstufe 11 gilt in der Bundesrepublik Deutschland in der Sekundarstufe II, also der gymnasialen Oberstufe, ein 15-Punktesystem, das sich in folgender Weise aufgliedert: sehr gut (15–13 Punkte), gut (12–10 Punkte), befriedigend (9–7 Punkte), ausreichend (6–5 Punkte), schwach ausreichend (4 Punkte), mangelhaft (3–1 Punkte) und ungenügend (0 Punkte). Diesen differenzierteren Bepunktungen entsprechen demgemäß ergänzte und modifizierte verbale Umschreibungen, die jedoch mitunter sprachlichen und inhaltlichen Verbesserungsbedarf erkennen lassen (z. B. für 3 Punkte „voll mangelhaft"). In Deutschland kann jedes Bundesland auf Grund seiner Kultushoheit die Art und Weise der schulischen Leistungsfeststellung mit eigenen Verordnungen und Gesetzen regeln. Generell ist in allen Bundesländern die Pflicht zur regelmäßigen Leistungserhebung und zur anschließenden Benotung durch Schulgesetze festgeschrieben, wie in NRW durch das Schulgesetz, Fünfter Teil, Zweiter Abschnitt, § 48, in Bayern durch Artikel 52 des Bayerischen Gesetzes über das Erziehungs- und Unterrichtswesen (BayEUG). Die grundsätzliche Benotungspflicht kann allerdings in aller Regel durch schulspezifische Verordnungen ergänzt oder ersetzt werden. Die Verordnung zur Gestaltung des Schulverhältnisses

7 Eine wenig verwunderliche Ausnahme stellte die DDR dar, die eine fünfstufige Skala in Gebrauch hatte; die letzten beiden Notenstufen waren hier zu „ungenügend" zusammenfasst.

in Hessen betont aber beispielsweise stark die Bedeutung von Zeugnisnoten. Lehrer an allgemeinbildenden Schulen sind also zur Feststellung und Beurteilung von Schülerleistungen juristisch verpflichtet und haben dafür die bekannten Notenstufen zu verwenden, solange die Schulordnungen keine Ausnahmeregelungen festlegen; dass diese juristische Verpflichtung mit den pädagogischen Idealen der Lehrkräfte oftmals nur bedingt kompatibel ist, dürfte nachvollziehbar sein.

Selbstverständlich ist die Entscheidung im kurz umrissenen deutschen Sprachraum, hier Zahlen bzw. Ziffern zum Bewerten zu verwenden und sich dabei nun gerade auf fünf oder sechs Abstufungen festzulegen, weder sachlogisch noch zwingend, sondern schlicht aus einer pragmatischen Tradition heraus zu erklären. In anderen Ländern wie beispielweise in Italien wird eine Skala von 0 bis 10 herangezogen, wobei 10 („eccellente") die beste Bewertung darstellt und die Noten 5 bis 0 als negative Bewertung gelten und daher häufig überhaupt nicht mehr vergeben werden; ähnliches gilt auch für Spanien oder die Niederlande. In den englischsprachigen Ländern findet sich üblicherweise eine fünfstufige Buchstabenskala von A bis E/F, wobei A als die beste Bewertung genommen wird. Trotz dieser nationalen Unterschiede und Feinheiten, die teilweise natürlich eine engmaschigere und differenziertere Bewertung ermöglichen, ändert sich am vergleichenden und letztendlich selektiven Grundcharakter dieser Skalierungen selbstverständlich überhaupt nichts (vgl. Eurypedia 2012).

Eine besonders sensible Rolle spielen innerhalb dieser Taxierungssysteme die Beschreibungen, Beurteilungen oder Benotungen von Mitarbeit, Sozialverhalten und allgemeinem Benehmen, mitunter aber auch von charakterlichen Anlagen und Wesensmerkmalen der Schüler. Diese Bewertungen fanden und finden neben den üblichen Bewertungen der fachgebundenen Kenntnisse und Kompetenzen als sogenannte „Kopfnoten" in manchen deutschen Bundesländern Eingang in die Zeugnisse. Dieser Begriff Kopfnote resultierte ganz schlicht aus der Tatsache, dass diese Bemerkungen in den Zeugnissen normalerweise an prominenter Stelle, nämlich ganz oben am Anfang des Blattes, zu finden waren.

Zu den früher, also bis zu den 60er und 70er Jahren des 20. Jahrhunderts, üblichen Kopfnoten zählten neben dem Betragen auch der gezeigte Fleiß, die Ordnungsliebe, die Aufmerksamkeit und Mitarbeit und die Bereitschaft zur Einordnung, die teilweise, wie etwa in der DDR, auch in einer übergeordneten Endnote für das Gesamtverhalten zusammengefasst wurden. In dieser lange üblichen Beurteilungspraxis wurden neben allen unterrichtsrelevanten Verhaltensweisen des Schülers oftmals auch allgemeine Wesen- und Charakterzüge wie „brav“ oder „schüchtern“ mitbeurteilt, die weit über den schulischen Kontext hinaus in die individuelle Lebensweise des Kindes hinein griffen.

Ganz aktuell wurden diese umstrittenen und vieldiskutierten Kopfnoten als Ziffern, Buchstaben oder standardisierte Anmerkungen in etlichen Bundesländern seit den 1990er Jahren wieder eingeführt, in Bayern vorübergehend zum Schuljahr 2004/05. Allerdings konzentrieren sich diese neuen Varianten der Kopfnoten, wie z. B. in Hessen, stärker auf die Bereiche Arbeitsverhalten und Sozialverhalten, um sich nicht dem Vorwurf eines unangemessenen Beschneidens pluralistischer Lebensentwürfe oder einer sozialen Überanpassung[8] auszusetzen. Für den Bereich des schulischen Arbeitsverhaltens wurden daher also als relevante Teilkompetenzen Fähigkeiten wie Konzentrationsfähigkeit und Ausdauer, Leistungsbereitschaft, Zuverlässigkeit, spezifisches und allgemeines Interesse, Selbstständigkeit und generelle Teamfähigkeit definiert. Auch das gezeigte Sozialverhalten sollte primär in den Unterbereichen beurteilt werden, die das schulische Lernen und Leisten maßgeblich beeinflussen; dazu zählen Kompetenzen wie Kommunikations- und Kooperationsfähigkeit, Verantwortungsbereitschaft oder schulisches Konfliktverhalten.

Insgesamt scheint die pädagogische und schuladministrative Diskussion um diese Kopfnoten aus den oben angeführten Bedenken heraus eher auf eine Abschaffung dieser Verhaltensbewertung und -benotung hinauszulaufen, wobei aber zumindest in den vorangestellten Verbalbemerkungen der Zeugnisse unter der Hand immer wieder kaum getarnte Beurteilungsstufen zu finden sind („Ihre Mitarbeit entspricht den Erwartungen in vollem Umfang.“ „Seine Anstrengungen in der AG Blockflöte zeigten guten Erfolg.“). Die Bewertung primär schulrelevan-

---

8 Die Brisanz dieser „Kopfnotendiskussion“ lässt sich etwa daran ablesen, dass die vierstufige Verhaltensbewertung in Nordrhein-Westfalen 2007 eingeführt, 2009 modifiziert und 2010 bereits wieder abgeschafft wurde.

ter Verhaltensweisen ist sicherlich auch mit dem Verweis auf den Erziehungsauftrag von Schule zu begründen, der über den reinen Bildungsauftrag unter dem Primat der Vermittlung und Bewertung inhaltlicher und fachlicher Kenntnisse hinausgeht.

Diese bisher eher allgemeinen Überlegungen zu Leistung werden vor allem dann relevant, wenn es um konkrete Überlegungen geht, wie Leistungen beurteilt und bewertet werden sollen. Vor allem bei der Auseinandersetzung zwischen Noten- und Verbalbeurteilungen werden die Noten rasch dem gesellschaftlichen Leistungsbegriff, Verbalgutachten dagegen dem pädagogischen Leistungsbegriff zugeordnet. Dass dies grundsätzlich natürlich überhaupt nicht der Fall sein muss, soll später in den Kapiteln 8.1 bis 8.3 beim konkreten Vorstellen der einzelnen Formen deutlich werden.

Exkurs II: Spezifische Zeugnisbestimmungen in den deutschen Bundesländern

In diesem Zusammenhang dürfte ein Blick auf die Pluralität der einzelnen Bundesländerregelungen in der Bundesrepublik aufschlussreich sein, nachdem jedes Bundesland die Modalitäten der Leistungsbewertung für die einzelnen Jahrgangsstufen selbst bestimmen kann. Ganz generell kann dabei von einem bundesweiten Konsens nur am Anfang und am Ende der Grundschule die Rede sein. Für die erste Jahrgangsstufe herrscht weitgehend Übereinstimmung im Verzicht auf Ziffernnoten. Außer in Sachsen-Anhalt, wo das Berichtszeugnis durch Beschluss der Gesamtkonferenz ab Jg. 1 auch bereits durch ein Notenzeugnis ersetzt werden kann, sind in den Bundesländern schriftliche Beurteilungen in Form von Schulberichten, Berichtszeugnissen, Wortgutachten oder Lernentwicklungsberichten, oft auch in Verbindung mit Elterngesprächen und mündlichen Informationen vorgesehen. Gerade die letztgenannte Form von mündlichen Rückmeldungen scheint sich momentan in zahlreichen Bundesländern wie Niedersachsen, Nordrhein-Westfalen, Berlin und Brandenburg zur echten Alternative vor allem für die Halbjahreszeugnisse in den ersten beiden Grundschuljahren zu entwickeln. Inhaltlich können diese obligatorisch vorgeschriebenen Zeugnisgespräche natürlich von einem mehr oder weniger unverblümten Mitteilen der erreichten Notenzensuren bis hin zu einem ausführlichen und detailreichen Darstellen der gesamten Kindesentwicklung mit allen Fortschritten, Problemen und Fördermöglichkeiten reichen. Wenig verwunderlich dürfte es daher sein, dass für diesen diffizilen Bereich eine Fülle von Ratgeberliteratur und standardisierten Beurteilungsaussagen auf dem pädagogischen Markt zu finden ist (vgl. 4teachers 2012). Inwieweit der Verzicht auf eine schriftliche Fixierung eher als Manko oder eher als Chance gesehen wird, ist vermutlich individuell sehr unterschiedlich; die Möglichkeit für die Erziehungsberechtigten, mit den einzelnen Lehrkräften in einen vertiefenden und klärenden Dialog über die Schülerleistungen eintreten zu können, muss zweifellos begrüßt werden. Inwieweit diese Zeugnisgespräche sich auf Dauer etablieren können und welche Schwierigkeiten dabei auftreten können, wird die Zukunft zeigen.

Die ersten Notenzeugnisse finden sich in Bayern in der Jahrgangsstufe 2 als eine Benotung der einzelnen Fächer und ergänzend dazu eine Bewertung des Arbeits- und Sozialverhaltens in standardisierter Form, in vergleichbarer Art und Weise auch in Hessen sowie im Saarland. Als verbindliche Vorgaben sind in Berlin, Bremen, Hamburg, Niedersachsen, Nordrhein-Westfalen, Rheinland-Pfalz, Schleswig-Holstein und Thüringen für die Jahrgangsstufe 2 Berichtszeugnisse bzw. Lernentwicklungsberichte oder Wortgutachten angesetzt. Mischformen zwischen der Benotung einzelner Fächer und verbalen Schulberichten bzw. Lernentwicklungsberichten lassen sich in dieser Jahrgangsstufe in Baden-Württemberg (Schulbericht und Noten in Deutsch und Mathematik ab 2. Halbjahr), Brandenburg, Mecklenburg-Vorpommern, Sachsen und Sachsen-Anhalt feststellen.

Die ganze föderale Bildungsvielfalt zeigt sich dann in der Gestaltung des Übergangs von der zweiten in die dritte Klasse, bei der sich generell eine weitgehende Umstellung von Verbalbeurteilungen auf zumindest ergänzende Ziffernbeurteilungen bemerken lässt. Von der bayerischen Variante mit stark notenorientierten Zeugnissen und kurzen, erläuternden Verbalbemerkungen reicht das Spektrum über Notenzeugnisse mit ergänzenden Berichten in Hamburg, Wortgutachten und Noten in Deutsch, Mathematik und Heimat- und Sachkunde ab der 3. Jahrgangsstufe in Thüringen bis zur Möglichkeit der verbalen Beurteilung noch in dieser Klasse nach Beschluss der Schulkonferenz in Nordrhein-Westfalen. Hierzu wird beispielweise vom nordrhein-westfälischen Schulministerium festgelegt:

> „Das Versetzungszeugnis in die Klasse 3 und die Zeugnisse der Klasse 3 sind ebenfalls Berichtszeugnisse, sie enthalten darüber hinaus Noten für die Fächer. Die Zeugnisse der Klasse 4 sind keine Berichtszeugnisse. Sie enthalten Noten" (schulministerium.nrw 2012).

Größere bundesweite Übereinstimmung herrscht dann in der vierten Jahrgangsstufe, in der sich dann die Ziffernbeurteilung in allen Bundesländern durchgesetzt hat (vgl. detaillierter Müller 2005b, 94 ff.). Um ein etwas vergröberndes Fazit zur bundesrepublikanischen Zeugnislandschaft zu ziehen: Abgesehen von leichten Verschiebungen bezüglich des Einführungszeitpunkts der Ziffernbenotung herrscht durchaus ein Konsens darüber, dass mit Verbalbeurteilungen begonnen wird, dann Ziffern dazu treten und bis in die höheren Jahrgangsstufen neben den nackten Zahlen verbale Erläuterungen in mehr oder minder ausführlicher Form erhalten bleiben.

Exkurs III: Das bayerische Reformmodell zur Notengebung in der Grundschule (Schuljahr 2004/05)

Mit Blick auf die bekannten Schwächen der Ziffernbenotung und in Reaktion auf den ebenso vielzitierten PISA-Schock im Jahre 2000 wurde vom Bayerischen Staatsministerium für Unterricht und Kultus für das Schuljahr 2004/05 ein Reformvorschlag für die Leistungsbeurteilung an Grundschulen implementiert, der vor allem die Zielsetzung hatte, Eltern und Schülern eine differenziertere und transparentere Rückmeldung zu ermöglichen. Im Mittelpunkt dieser Reform standen nicht nur die kognitiven Leistungen, also das Wissens- und Kompetenzniveau in den bekannten Unterrichtsfächern, sondern auch die übergreifenden Persönlichkeitsmerkmale, die sich im Arbeits- und Sozialverhalten niederschlugen. Die für diesen Bereich von Bartnitzky und Christiani definierten fünf Kategorien wurden auf sieben erweitert, um so ein vielfältiges und facettenreiches Bild des Schülers zu gewinnen und zu kommunizieren. Unter dieser gleichsam ganzheitlichen Zielsetzung ging es zunächst um vier überfachliche Kompetenzen im Sozialverhalten wie: „Soziale Verantwortung, Kooperationsfähigkeit, Kommunikationskompetenz und Konfliktverhalten". Diese Sozialkompetenzen sind zweifellos nicht überschneidungsfrei, zudem oftmals nur indirekt beobacht- und beurteilbar.

Des Weiteren sollten noch drei Unterbereiche im Lern- und Arbeitsverhalten systematisch erfasst und in den Zeugnissen wertend dokumentiert werden. Hier standen „Interesse und Motivation, Konzentration und Ausdauer sowie Lern- und Arbeitsweise" im Fokus der beurteilenden Lehrkraft; bei der Darstellung der sogenannten Kopfnoten wurde auf diese Variante der Verhaltensrückmeldung ja bereits ausführlicher eingegangen (vgl. Exkurs I in diesem Band).

Eine zweite Schwerpunktsetzung der Zeugnisreform galt den bisher verwendeten Generalnoten in den Fächern Deutsch und Mathematik. Diese bisherige zusammenfassende Ziffer vermochte in der Tat wenig darüber aussagen, ob hinter einer insgesamt befriedigenden Deutschnote nun ein Schüler mit brillanter Rechtschreibung, aber grammatikalischen Fehlleistungen oder ein phantasiereicher und sprachgewaltiger Aufsatzschreiber mit schwerwiegenden Leseproblemen stehen könnte. Darum wurde die Deutschnote in einzelne Teilnoten bzw. Anmerkungen aufgeschlüsselt und den unterschiedlichen Fachbereichen zugeordnet:

- Sprechen und Gespräche
- Verfassen von Texten
- Rechtschreibung
- Sprachbetrachtung
- Lesen und Literatur.

Damit, so die Hoffnung der Reforminitiatoren, sollten die individuellen Stärken und Schwächen erheblich transparenter werden und sich ein spezifisches Leistungsprofil erkennen lassen. Eine vergleichbare Vorgehensweise wurde auch für das Fach Mathematik eingeführt, welches bei der Zeugnisbenotung in die drei folgenden Subkomponenten unterteilt werden sollte:

- Geometrie
- Zahlen und Rechnen
- sachbezogene Mathematik.

Eine Ziffernbenotung war und ist in diesem Beurteilungsmodell bereits ab der 2. Jahrgangsstufe vorgesehen. Jede Fachnote sollte aber durch eine möglichst genaue und individuelle Beschreibung des Lernfortschritts oder Lernverlaufs und weiterführende Hinweise auf den Lernbedarf ergänzt und erläutert werden. Natürlich wurde dabei auch an die Gefahr der allseits bekannten und bereits seit langem durch die Unterrichtsforschung belegten Fehlinterpretationen der Verbalbemerkungen durch die Eltern gedacht (vgl. bereits Benner & Ramseger 1985). Um dieses Problem zu minimieren, sollte ein regelmäßiger Informationsaustausch mit den Erziehungsberechtigten stattfinden, für den die Lehrkraft einen ausgesprochen differenzierten Beobachtungsbogen prozessbegleitend führen sollte (vgl. stmuk.bayern 2012). Grundsätzlich ist diese viel spezifischere und leistungsnähere Rückmeldung unter Zuhilfenahme der exakter justierten Ziffern in den Hauptfächern Deutsch und Mathematik zweifellos begrüßenswert, es erwächst dabei aber auch die Gefahr, dass sich das ganze differenzierte und ausgefeilte Zeugnis in der Perspektive der Eltern und Schüler auf die wirklich wichtigen Noten reduziert.

Daneben stellte sich rasch heraus, dass die Bewertung des Arbeits- und Sozialverhaltens oftmals eine sehr enge Anbindung (und Mitbeurteilung) an Persönlichkeitsmerkmale mit sich brachte, wodurch, wie bereits angedeutet, oftmals sowohl die legitimen Grenzen des schulischen Zugriffs wie auch der diagnostischen Kompetenz der Lehrkräfte überschritten wurden.

Aus diesen Gründen, dazu wohl auch wegen praktischer, arbeitszeitökonomischer Probleme, wurde dieser Reformansatz inzwischen modifiziert und vor allem die Bewertung des Arbeits- und Sozialverhaltens durch eine von A bis D reichende Skala herausgenommen, die ja letztendlich als eine lediglich notdürftig verschleierte Benotung angesehen werden musste. Ganz aktuell (Schuljahr 2011/12) wird in den bayerischen Grundschulen eine Verbalbeurteilung des Sozialverhaltens und des Lern- und Arbeitsverhaltens vorgenommen, die zwar auf eine Sortierung in A-D-Qualitätsstufen verzichtet, dafür aber häufig mit klar standardisierten Textbausteinen operiert. Dass zusammenfassende Beurteilungssätze wie „Das Lern- und Arbeitsverhalten war insgesamt gut" nichts anderes meinen als die Note „2" für das Lern- und Arbeitsverhalten im sozialen Vergleich, dürfte dabei selbst für die unerfahrensten Erziehungsberechtigten nachzuvollziehen sein.

Dieses für das Schuljahr 2004/05 in Bayern administrativ vorgelegte Beurteilungsmodell soll auch nur stellvertretend für zahlreiche Reformversuche in den meisten Bundesländern stehen, bei denen gerade die Frage nach den sogenannten „Kopfnoten", also der Beurteilungen des Verhaltens und schulischen Arbeitens, mit am intensivsten diskutiert wird (vgl. Sacher 2011; Jung & Nießeler 2011).

Exkurs IV: NOVARA: Präferenzen und Perspektiven der Eltern bei Noten- oder Verbalbeurteilungen

Bevor im Einzelnen die traditionellen und alternativen Möglichkeiten und schulpraktischen Ausformungen aufgelistet werden, die zur Leistungsfeststellung und Beurteilung in den privaten und öffentlichen Schulen herangezogen werden, soll noch ein rascher, nur beschränkt repräsentativer Seitenblick auf die Wünsche und Vorstellungen der betroffenen Eltern geworfen werden. Welche Präferenzen von Grundschuleltern bei den verschiedenen Zeugnisformen gesetzt werden, stand im Fokus einer wissenschaftlichen Untersuchung von Valtin und Würschner aus dem Jahre 1999. Die Ergebnisse dieser Befragung einer repräsentativen Berliner Elternstichprobe wurden unter dem Kryptonym NOVARA (Noten- oder Verbalbeurteilung: Akzeptanz, Realisierung, Auswirkungen) veröffentlicht.

Die zusammenfassende Tabelle unten mag die Haupttendenzen dieser Befragung verdeutlichen:

	Gespräche	Verbal-beurteilung	Noten und Verbal-beurteilung	Nur Noten
1. Kl.	16,2	60,9	17,9	2,1
2. Kl.	15,2	39,2	43,3	1,0
3. Kl.	14,2	18,3	65,3	1,1
4. Kl.	13,3	10,6	73,7	1,3
5. Kl.	14,0	4,9	79,0	1,3
6. Kl.	14,0	4,5	79,0	2,0

Abb. 4: Elternpräferenzen bei Zeugnisformen (Zahlenangaben in Prozent; eigene Tabelle nach Valtin & Schmude 2002)

Erstaunlich konstant wirken die beiden extremen Exponenten in dieser Befragung, nämlich zum einen die Eltern, die von der ersten bis zur sechsten Klasse lediglich Informationsgespräche und keine schriftlichen Rückmeldungen wünschen, wie zum anderen der (sehr kleine) Anteil von Eltern, die von Anfang an als randständige Minimalgruppe lediglich blanke Noten bevorzugen. Bei den beiden Mittelgruppen nimmt die Verschiebung von den reinen Verbalgutachten mit über 60 % in der ersten Klasse hin zu Noten mit Verbalgutachten (bereits zwei Drittel in der dritten Jahrgangsstufe) sehr schnell erdrutschartige Züge an. So plädierten in der ersten Jahrgangsstufe noch 60,9 % der befragten Eltern für rein verbale Beurteilungen ohne ziffernmäßige Fixierung und lediglich 17,9 % für Ziffernnoten mit verbaler Ergänzung, während sich dieses Zahlenverhältnis bereits nach zwei Schulbesuchsjahren beinahe umgedreht hat. In der dritten Klasse nämlich wünscht eine absolute Majorität der Erziehungsberechtigten (65,3 %) eine zusätzliche Ziffernbenotung, die Anzahl der Befürworter ausschließlicher Verbalzeugnisse beträgt nur noch 18,3 % und wird in den folgenden Jahrgangsstufen annähernd marginalisiert, sinkt also deutlich unter die Quote der Eltern, die lediglich mündliche Berichte bevorzugen. Wenn man berücksichtigt, dass die Berliner Erziehungsberechtigen an eine sechsjährige gemeinsame Grundschule gewöhnt sind und daher nicht ganz dem deutlichen Selektionsdruck in der vierten Klasse ausgesetzt sind, darf man sicher konstatieren, dass insgesamt unerwartet viele Eltern zu einer traditionellen, in Ziffern gefassten Benotung zumindest als

Ergänzung der reinen Verbalbeurteilung tendieren. Über die Gründe für diese Präferenzen kann im Einzelnen oft nur spekuliert werden (vgl. Valtin & Schmude 2002).

Ein Überblick über andere neuere Forschungsprojekte seit der Jahrhundertwende zeigt, dass cum grano salis von den meisten Eltern weder ein ausschließliches Notenzeugnis noch eine reine Verbalbeurteilung gewünscht wird. Dies ist selbstverständlich auch abhängig von der untersuchten Jahrgangsstufe. Dass aber verbale Zusatzinformationen und Erläuterungen zu den fachlichen Leistungen, dem erreichten Wissens- und Kompetenzniveau und zum Arbeits- und Sozialverhalten als hilfreicher und notwendiger Bestandteil eines klaren Leistungsfeedbacks angesehen werden, lässt sich durchgängig festhalten. Der zeitweise in der erziehungswissenschaftlichen Debatte stark betonte Gegensatz zwischen Noten und Verbalbeurteilungen als einander ausschließende, dichotome Verkörperungen des gesellschaftlichen bzw. des pädagogischen Leistungsbegriffs findet sich jedenfalls in der eher pragmatischen Haltung der Eltern kaum wieder (vgl. Maier 2001; Valtin & Schmude 2002; Jachmann 2003; Beutel 2005; Bos et al. 2010, 13 f.).

8.1 Formen der Leistungsbeurteilung

Die im Folgenden aufgezeigten Formen und Möglichkeiten von Leistungsrückmeldungen und -beurteilungen sind nicht zwangsläufig als sich gegenseitig ausschließende Alternativen oder Gegensätze zu verstehen. Gerade in der schulischen Praxis sind sehr häufig Mischformen, Kombinationen und Adaptionen von einzelnen Bestandteilen möglich, was sowohl für die professionelle Expertise als auch die pädagogische Kreativität der beteiligten Lehrkräfte spricht. Allerdings sei auch auf die Gefahr hingewiesen, dass durch diese Mischformen u. U. Verzerrungen und Verwerfungen entstehen können, die im Kontrast zu den ursprünglich intendierten Absichten stehen können; beispielhaft sei auf die häufig zu beobachtende Praxis hingewiesen, Portfolios schlussendlich mit einer Benotung nach sozialer Bezugsnorm zu versehen.

8.1.1 Feststellung und Beurteilung von mündlichen Leistungen

Eine gewisse Sonderstellung innerhalb des gesamten Themenbereiches nehmen die mündlichen Leistungen bzw. deren Bewertung ein, weil sie einerseits oft spontan und situativ in den Unterricht eingebracht werden, also insgesamt weniger strukturiert und reflektiert erscheinen, und andererseits natürlich durch ihre ausgesprochen flüchtige Natur schwieriger zu dokumentieren sind. Sie verlangen also sowohl andere Maßstäbe bei der Beurteilung als auch flexible und sinnvolle Möglichkeiten der Aufzeichnung.

In der anwendungsnahen erziehungswissenschaftlichen Forschung haben sich für die Dokumentation und Konservierung dieser mündlichen Leistungen daher zwei grundsätzliche methodische Möglichkeiten aufzeigen lassen, die sich für die schulische Arbeit als realisierbar erwiesen haben.

Als Erstes können pädagogische Klassentagebücher, Notiz- oder Aufzeichnungshefte ein rasches Notieren von aktuellen Äußerungen und Arbeitsergebnissen wie „Gruppenarbeiten vorstellen", „Themen referieren", „problembezogene Gesprächsbeiträge liefern", „philosophische Diskussionen strukturieren" usw. ermöglichen. Dieses Instrument ist eher für die Hand des Lehrers gedacht, ihrem Pendant auf der Schülerseite entspricht analog dazu das Führen kurzer und situativer Arbeitsberichte oder Lerntagebücher, in denen entweder prozessbegleitend oder im Rückblick die wichtigsten Ergebnisse festgehalten und zusammengefasst werden können. Natürlich geben derartige Aufzeichnungen bei aller Aktualität und Schülernähe eher unsystematisch und punktuell Auskunft über den Lernprozess, vor allem mit Blick auf die ganze Klasse (vgl. Winter 2004; Jung & Nießeler 2011).

Als Zweites lassen sich durch systematische Beobachtungskarteien oder -bögen, die für jeden Schüler einzeln und individuell angelegt werden, derartige Lücken und Zufälligkeiten weitgehend ausschließen, da auf ihnen möglichst längerfristig, konstant und zeitnah für jeden einzelnen Schüler Beobachtungen eingetragen werden sollten; der Selbstbeobachtungsbogen oder das genaue Lernprotokoll in Schülerhand soll spiegelbildlich dazu eine systematische und planmäßige Selbstdokumentation ermöglichen, die allerdings neben dem höheren Zeit- und Arbeitsaufwand durch die permanente Beobachtungssituation auch gewisse Verzerrungsmomente wie den altbekannten Hawthorne-Effekt[9] mit sich bringen können (vgl. Kirk 2004, 94).

Ganz generell und unbestritten gestaltet sich jede dieser beiden Dokumentationsmöglichkeiten unter den Bedingungen des Unterrichtsalltags relativ aufwändig und beobachtungsintensiv. Die anschließende Frage nach der Bewertung und der Gewichtung gerade der spontan erbrachten mündlichen Leistungen im Vergleich zu schriftlichen Arbeiten bleibt zudem ausgesprochen schwierig zu beantworten (vgl. Kirk 2004).

Ihre Entsprechung auf der Beurteilungsseite finden diese mündlichen Schülerleistungen durch mündliche Leistungsrückmeldungen durch die Lehrkräfte. Dies kann eher informell, spontan und situativ im Laufe des Unterrichts oder in mehr oder weniger standardisierten und vergleichbaren Abfragesituationen erfolgen. Über diese ausgesprochen heterogene und auch forschungsmäßig schwer zu erfassende Praxis wurde ja bereits in Kapitel 5.3 über Feedback-Kultur ausführlich diskutiert. An dieser Stelle soll nur auf die in vielen Alternativ- und Reformschulen, aber inzwischen auch in etlichen Bundesländern oder beispielweise in Großbritannien verbreitet Praxis der mündlichen Zeugnisgespräche verwiesen werden, die vor allem in den Schulanfangsjahren an der Stelle oder als verpflichtende Ergänzung der schriftlichen Berichte zum Einsatz kommen. Dabei kann oder soll das betreffende Schulkind mit dabei sein, um eine möglichst große Transparenz bei der Beurteilung und eine intensive Zusammenarbeit zwischen Schule und Elternhaus zu erreichen. Es soll also gleichsam das Beurteilungsmonopol der Lehrkraft gebrochen werden und statt dessen „eine differenzierte Lernstandseinschätzung in dialogischer Form durch Schüler, Lehrer und Eltern erfolg(en)" (Klein-Landeck 2006, 263). Inwieweit dieses Gespräch eher auf bloße Information, auf Diskussion und Dialog ausgelegt ist, auf Konsensfindung oder Belehrung, ist sehr unterschiedlich; auch aus diesem Grund kann eine generelle Bewertung des mündlichen Zeugnisgespräches kaum vorgenommen werden (vgl. Kirk 2004; Ludwig et al. 2006).

Für die Einordnung mündlicher Leistungen kann eine Beurteilungsmatrix verwendet werden, die allerdings von Anfang an in ihren Kri-

---

9 Dies bedeutet, dass die Leistungen der untersuchten Personen dann signifikant anstiegen, sobald ihnen die Beobachtungssituation bewusst wurde.

Punkte/Note/ Beurteilung	1 (herausragend)	2 (gut)	3 (zufriedenstellend)	4 (mangelhaft)
Vortragsweise	Frei, deutlich, sprachgewandt, Eingehen auf die Zuhörer	Flüssig, aber an Notizen gebunden	Meist abgelesen, aber zutreffend formuliert	Stockendes, schlecht verständliches Ablesen
Struktur und Darbietung des Vortrags	Klar, logisch, jederzeit nachvollziehbar, treffende Veranschaulichung	Manchmal unklar, logische Sprünge; Medieneinsatz meistens gut passend zum Inhalt	Nur in den Hauptpunkten nachvollziehbar, wenig Stringenz; Veranschaulichungsmittel und Methodenwahl eher willkürlich	Keine Struktur erkennbar; keinerlei Veranschaulichung oder methodische Varianten
Dargebotene Fakten	Detailsicheres Wissen, umfassende Kenntnisse, keine Probleme bei Rückfragen	Gutes Wissen, bei manchen Rückfragen unsicher	Auch bei zentralen Aspekten immer wieder Lücken, beschränktes Hintergrundwissen	Fachliche Fehler, kein Kontext- und Hintergrundwissen
Einbindung der Zuhörer	Regelmäßige Aktivierung, sinnvoller methodischer Wechsel	Immer wieder Aktivierung, Nachfragen, nicht immer passgenau	Gelegentliche Aktivierung, oftmals punktuelle und zufällige Maßnahmen	Keine Aktivierung der Zuhörer, kein Eingehen auf das Publikum

Abb. 5: Beurteilungsmatrix bei Referaten oder Vorträgen (eigene Tabelle)

terien möglichst transparent sein sollte. Sinnvollerweise lassen sich auch die Beurteilungskriterien mit den Schülern gemeinsam erarbeiten und in ihrer Wertigkeit festlegen. Als Beispiel hier ein Vorschlag zur Bewertung mündlicher Vorträge oder Referate innerhalb einer vierstufigen Qualitätsskala (s. Abb. 5).

8.1.2 Reine Notenzensuren

Ziffernnoten stellen zweifellos die vertrauteste und gängigste, wenn auch die am meisten umstrittene Art der Leistungsbeurteilung in der Schule dar. Dabei sollen Noten in altbekannter und pragmatischer Manier eine ganze Fülle verschiedenster Funktionen in sich vereinen: Zur schlichten Informationsverdichtung treten die Selektions- bzw. Zuweisungsfunktion zu den einzelnen differenten schulischen und beruflichen Bildungswegen. Darüber hinaus sollen sie natürlich auch der Rückmeldung, der Orientierung und als Bericht für Lehrer, Schüler, Eltern, als Leistungsanreiz und Motivation, Sozialisationshilfe und vielleicht in fragwürdiger Weise auch zur Disziplinierung dienstbar gemacht werden. Diese scheinbare Polyvalenz trägt sicherlich auch zu ihrer Attraktivität und Akzeptanz vor allem bei Eltern bei, wie der vorangegangene Exkurs zu NOVARA angedeutet haben mag (vgl. Sacher 2011).

Auf der anderen Seite wird damit aber auch ebenso deutlich, dass Ziffernnoten alleine wegen der offensichtlichen Funktionsüberlastung diese multidirektionalen, teilweise auch widersprüchlichen Zielsetzungen natürlich nicht uneingeschränkt erfüllen können (vgl. Jürgens & Sacher 2000, 22 ff.). In der erziehungswissenschaftlichen Forschung wurden darüber hinaus bereits seit Jahrzehnten zahlreiche Fehlerquellen bei der Notenvergabe empirisch und systematisch nachgewiesen und kritisch aufgelistet:

- Die Milde- oder Strengetendenz ist ein Verzerrungseffekt, der durch die individuelle Neigung des jeweiligen Korrektors zu nachsichtigerer oder strengerer Beurteilung hervorgerufen wird.
- Ebenso nachweisbar ist eine Mittetendenz, die dann entsteht, wenn die Lehrkraft eine extreme Benotung zu vermeiden sucht und regelmäßig zu mittlerer Beurteilung tendiert.

- Der sogenannte Hofeffekt ist dann zu beobachten, wenn die Leistung eines Schülers in einem spezifischen Leistungsbereich auf einen anderen Bereich übertragen wird, also ein guter Mathematiker mit einem Benotungsbonus für die Naturwissenschaften versehen wird.
- Unter Reihungsfehlern wird der Zusammenhang mit vorausgegangenen Beurteilungen verstanden, also der Einfluss der vorherigen Prüfungsnoten etwa bei mündlichen Examina; hier wird nach mehreren sehr guten oder sehr schlechten Bewertungen quasi kompensatorisch zu einer schlechteren bzw. besseren Beurteilung gegriffen.
- Einen ähnlichen Ursprung besitzen sogenannte rhythmische Fehler, die sich v. a. bei längeren mündlichen Beurteilungsdurchläufen nachweisen lassen, bei denen sich häufig strengere und nachsichtigere Benotungsphasen abwechseln.
- Als Letztes konnten noch Kontrastfehler nachgewiesen werden, die vor allem dann auftreten, wenn sehr große Differenzen zwischen der Persönlichkeit des Prüfenden und des Prüflings vorzufinden waren. Die individuellen Präferenzen flossen in diesen Fällen besonders intensiv in die Bewertung mit ein, wie z. B. ein ungepflegtes Erscheinungsbild und eine unordentliche Heftführung, die etwa bei ausgesprochen pedantischen und peniblen Notengebern ganz gravierend zu Buche schlugen (vgl. Jürgens & Sacher 2000, 38 ff.).

Damit steht außer Zweifel, dass Ziffernnoten tendenziell fehleranfällig und oft genug auch in der Schulrealität fehlerhaft sind und dass sie damit weder als objektiv noch als valide oder als reliabel gelten dürfen. An diesem zusammenfassenden Fazit, das grundsätzlich für alle Fächer und Schularten gilt, wenn auch mit gewissen Qualitätsunterschieden, führt nach dem gegenwärtigen Forschungsstand sicherlich kein Weg vorbei. Es muss aber an dieser Stelle aus systematischer Sicht nachdrücklich festgehalten werden, dass die angeführten Fehler und Mängel keineswegs notenspezifisch auftreten, also erst durch die Vergabe von Ziffernnoten entstehen. Der grundsätzliche Fehler, etwa nach einer Reihe von strengen Beurteilungen wieder ein wenig kompensatorische Milde einfließen zu lassen, entsteht ja bereits vor der Notenvergabe und die erteilte Ziffernote bringt dies lediglich deutlich zum Ausdruck. Es ist daher m. E. kaum einzusehen, warum diese Schwierigkeiten und Verfälschungen, wie etwa die Reihungsfehler oder die Milde-Strenge-

Tendenzen, bei der Verwendung verbaler oder anderer Beurteilungsformen nicht mehr auftreten sollten. Auf die Gefahren dieser naiven Annahme, dass eine bloße Umstellung von Ziffernbenotungen auf alternative, vor allem eben verbale Berichtszeugnisse, diese Beurteilungsfehler gleichsam automatisch verhindern und ausschließen würde, hat Karlheinz Ingenkamp bereits vor geraumer Zeit mit allem Nachdruck hingewiesen (vgl. Ingenkamp 1986). Dass dieser ebenso berechtigte wie desillusionierende Warnhinweis in der pädagogischen Diskussion nur eingeschränkt wahrgenommen wurde, lässt sich an dem auch aktuell immer noch bestehenden erziehungswissenschaftlichen Forschungsbedarf zu den Effekten der verschiedenen Beurteilungsvarianten ablesen (vgl. Jachmann & Tillmann 2000).

Ganz zuletzt sei auch noch darauf verwiesen, dass die o.a. Konzentration und Verdichtung von Informationen durch Ziffernnoten als unvermeidliche Kehrseite auch eine Minimierung der spezifischen Aussagekraft und des Rückmeldungswerts mit sich bringen. Dies ist zum einen darin begründet, dass in einer Note häufig sehr viele Einzelleistungen und diverse Fachbereiche zusammengefasst werden und mit einer Note zum anderen oftmals nur ein punktuelles Endprodukt bewertet wird. Die einfache Benotung „3 = befriedigend" im Fach Deutsch ist für die Leistungen in den einzelnen Bereichen dieses Faches wie Lesen, Rechtschreiben, Grammatik, schriftlicher Sprachgebrauch usw. wenig aussagekräftig, und die als „gut" benotete Mathematikarbeit gibt zunächst weder über den Arbeitsprozess Auskunft noch darüber, ob es sich beim Prüfling um einen begabten Faulpelz oder einen bienenfleißigen Durchschnittskopf gehandelt haben mag (vgl. Ipfling 1998; Klafki 1994). Anderseits lässt sich natürlich auch mit Recht fragen, ob diese detaillierten Aussagen zur Gesamtpersönlichkeit des Schülers überhaupt der Intention und dem Potenzial einer Ziffernnote entsprechen. Nach meinem Dafürhalten will und kann eine Note nicht mehr leisten als einen durchaus beschränkten, punktuellen Einblick in einen überschaubaren und klar umgrenzten Wissens- oder Kompetenzbereich. Zudem lassen sich bundesweite Bestrebungen erkennen, die Gesamtnoten für die einzelnen Fächer in genauere Binnennoten für die jeweiligen Fachbereiche auszudifferenzieren, um den Informationsgehalt zu schärfen und zu erhöhen. Auch der Lernprozess selbst lässt sich natürlich prinzipiell mit einer Ziffernnote oder einer anderen quantitativen

Etikettierung (Punkte, Buchstaben A-D, usw.) bewerten. Es handelt sich also bei diesen Einwänden gegen Noten nicht um grundsätzliche Fehler, die unvermeidlich in der Natur eben dieses Bewertungsinstruments liegen, sondern eher um die Folgen traditioneller Vergabemuster, die relativ problemlos geändert werden könnten.

8.1.3 Raster- und Pfeilzeugnisse

Von ihrer äußerlichen Erscheinungsform unterscheiden sich Balken-, Pfeil- und Rasterzeugnisse auf den ersten Blick sehr deutlich von Notenzeugnissen. Jedoch ist ihre Grundidee, nämlich die Anordnung von Leistungen innerhalb einer normierten Skalierung, den Ziffernbenotungen sehr ähnlich. Allerdings ermöglichen diese Alternativformen durch eine mögliche Unterteilung der Leitungsergebnisse in viele verschiedene Untertabellen eine differenziertere Darstellung der am Lehrplan orientierten Kompetenzbereiche für die einzelnen Fächer bzw. Fachbereiche. Zudem wird auch eine spezifische Beschreibung des Lernprozesses mit all seinen Fortschritten im Blick auf einzelne Subdomänen ermöglicht; dies hängt in erster Linie davon ab, wie fein die erwarteten Kompetenzen unterteilt wurden und wie deutlich der zeitliche Verlauf dokumentiert werden konnte.

Note	5	4–5	4	3–4	3	2–3	2	1–2	1
Pkt.	0–1	2	3–4	5–6	7–8	9–10	11–12	13–14	15

Abb. 6: Mögliche Form eines Pfeilzeugnisses etwa zum Kompetenzbereich „Informationsentnahme aus Sachtexten" (eigenes Schaubild)

> „Die Fächer sind hierbei unterteilt in die verschiedenen Kompetenzerwartungen des einzelnen Faches bezogen auf das voran gegangene Halbjahr. Für jede Kompetenzerwartung drückt ein Pfeil die Leistung aus. Das Pfeilzeugnis zeichnet aus, dass die Lern- und Leistungsrückmeldung durch Pfeile visualisiert wird. Durch den dazugehörigen Kommentar zur

> Leistungsentwicklung in jedem einzelnen Fach ist das Zeugnis individueller als ein reines Notenzeugnis. Hinter der Pfeillänge steht eine Ziffernnote. Hier wird nach Punkten bewertet, so wie dies aus der Oberstufe bekannt ist. Für die Schülerinnen und Schüler ist diese aber nicht augenscheinlich und wird nur auf ausdrücklichen Wunsch den Eltern mitgeteilt, sodass zunächst nur die Länge des Pfeils Ausdruck der Leistung ist" (Bos et al. 2010, 43 f.).

Die hier vorgestellte Konkretisierung eines Balken- oder Pfeilzeugnisses an einer Modellschule in Nordrhein-Westfalen ist natürlich nur eine Möglichkeit unter vielen; auch die dabei vorgeschlagene und erprobte Vorgehensweise, die unterlegte Benotungsskala für Schüler und Eltern im Regelfall nicht mit zu zeigen, ist in der pädagogischen Diskussion nicht unumstritten und erinnert ein wenig an die bereits bei Peter Petersen in den Jena-Plan-Schulen verbreitete Praxis, zwischen pädagogischen Berichten an die Schüler und ungeschminkten Zeugnisbeurteilungen für die Eltern zu unterscheiden. Dass diese Idee einer zunächst nur halbtransparenten Bewertung sich im allgemeinen Schulentwicklungsprozess nicht wirklich durchsetzen konnte, hat sicherlich gute Gründe.

Wie hier in aller Kürze versucht wurde darzulegen, stellt diese Beurteilungsform des Pfeilzeugnisses nur wenig mehr dar als eine graphische Modifikation der bekannten Noten- oder Punktetabellen und wurde daher auch an dieser Stelle gleich in unmittelbarem Zusammenhang mit den Ziffernnoten dargestellt und analysiert. Die in ihrer Grundkonzeption durchaus verwandten Rasterzeugnisse sollen unter Punkt 8.2.2 in ihrer Verwendung als Pensenbücher an den Montessori-Schulen noch genauer vorgestellt werden. Deshalb sei hier nur die inzwischen häufiger zu findende Form eines Rasterzeugnisses als Lernzielkatalog, Kompetenzkatalog oder Lernzielvereinbarung[10] konkret veranschau-

---

10 Die vorgesehenen Lernziele oder Kompetenzen können entweder ausschließlich durch Schule und Lehrkräfte vorgegeben werden oder in gemeinsamer Überlegung mit den Schülern selbst fixiert werden. Bei einem umfangreicheren Mitspracherecht der Schülerinnen und Schüler lässt sich ernsthaft von einer Lernzielvereinbarung sprechen.

licht, die zum Kompetenzbereich Arbeitsverhalten beispielsweise so aussehen könnte:

Arbeitsverhalten	Ich kann es		Ich brauche noch Übung		Ich kann es		Ich brauche noch Übung	
Selbstständigkeit								
Schriftliche Arbeiten – (Heftführung, Schrift, Aufbau)								
Mündliche Mitarbeit								
Konzentration								
Zeiteinteilung								
Fleiß – Übungsbereitschaft								
Regelverständnis								
Hilfsbereitschaft – Rücksichtnahme auf andere								
Hausübungen								
Sorgfältiger Umgang mit Materialien								

Abb. 7: Beispielhafter Lernzielkatalog für eine dritte Klasse, Österreich (vs-material. wegerer.at/diverses/Lernziele/lernzielkatalog3kl-dd.doc)

8.1.4 Verbalbeurteilungen

Unter den Sammelbezeichnungen „Verbalbeurteilung, Wortgutachten oder Berichtszeugnis“ verbergen sich unter Umständen ausgesprochen unterschiedliche konzeptionelle Vorstellungen, die sich nicht nur im Umfang, sondern auch hinsichtlich ihrer Zielsetzung und Intention, ihrer pädagogischen Bezugsnorm und ihrer Reichweite erheblich unterscheiden können[11]. Das mögliche Spektrum reicht hier von sehr knapp gefassten und stark standardisierten Verbalbeurteilungen, die sich zumindest implizit an einer quantifizierbaren und sozial normierten Skalierung orientieren, bis hin zu äußerst differenzierten und prozessorientierten Lernentwicklungsberichten mit individualisierter Prognose und adaptiven Förderangeboten. Zwischen diesen beiden polaren Formen „verbalisierte Ziffer“ und „förderorientierte Lernprozessbeschreibung“, die im Folgenden näher darstellt werden sollen, sind natürlich die unterschiedlichsten Grade von Misch- und Zwischenvarianten üblich und möglich. Damit sei in aller Deutlichkeit darauf hingewiesen, dass bei jeder Diskussion über Verbalbeurteilungen zunächst gründlich geklärt werden muss, welches Verständnis und welche Realisierungsform dieser Bewertungsmöglichkeit denn überhaupt vorliegt.

8.1.4.1 Verbalbeurteilungen als Umschreibungen oder Modifikationen von Ziffernbenotungen

Die häufigste Form von verbalen Bewertungen stellen sicherlich die in den meisten Bundesländern vorgeschriebenen Zeugnisbemerkungen dar, die vor allem in der dritten und vierten Klasse als mehr oder weniger ausführliche verbale Stellungnahmen in Ergänzung zu den reinen Ziffernzensuren zu lesen sind. In den ersten beiden Jahrgangsstufen sind bundesweit fast überall Verbalzeugnisse an Stelle von Ziffernnoten üblich, die aber oftmals im Sinne einer Umschreibung von Ziffern gebraucht werden. Inzwischen existieren beispielsweise in Bayern hierarchisierte Auflistungen von Zeugnisbemerkungen, die mit dieser Normierung weitgehend passgenau einer fiktiven Ziffernskalierung zugeordnet werden können. Für diese Zeugnisform aus relativ festgelegten Verbalaussagen, die immer wieder neu abgestuft und zu neuen Beurteilungen arrangiert werden können, hat sich in den letzten Jahren

11 Das Hauptaugenmerk sei hier auf die elaborierten und umfangreichen Verbalzeugnisse am Ende eines Schuljahres bzw. Schulhalbjahres gerichtet; die im Unterrichtsalltag viel häufigeren Formen von verbalen Anmerkungen zur Rückmeldung bei Lernzielkontrollen, Proben, Hausaufgaben oder ähnlichen Leistungsnachweisen müssen alleine wegen ihrer denkbar heterogenen Ausprägung unberücksichtigt bleiben.

die sprechende Bezeichnung „Bausteinzeugnis" etabliert. Für die betroffenen Eltern sollte dann durch diese Bausteinzeugnisse mit möglichst wenig interpretatorischem Spielraum zu verstehen sein, dass die entsprechende Verbalformulierung nun einer „guten" oder aber eben lediglich einer „ausreichenden" Leistung entspricht. Aus pragmatischen Gründen mag dies nachvollziehbar sein und es verhindert sicherlich auch mögliche Fehlinterpretationen, der eigentlichen Intention einer ausführlichen sprachlichen Bewertung entspricht diese Form natürlich nicht. Dementsprechend ändert sich an den im vorherigen Kapitel bereits für die Ziffernbewertung aufgezeigten Positiva und Negativa grundsätzlich nichts wirklich Entscheidendes. Im Wesentlichen wird hier ja lediglich die Ziffer „3" durch die umfangreichere verbale Interpretationsvariante „Im Kopfrechnen und bei Sachaufgaben kann Stephanie die meisten Aufgaben in zufrieden stellender Weise und in angemessener Geschwindigkeit lösen" umschreiben und abgelöst. Gerade bei derartigen Formulierungen wird einsichtig, dass die Umstellung von Ziffern auf Verbalbewertungen keineswegs automatisch eine Ablösung des gesellschaftlichen durch den pädagogischen Leistungsbegriff mit allen ihren unterschiedlichen Merkmalen und Intentionen zur Folge haben muss.

Im Einzelfall können allerdings, abhängig vom Vereinheitlichungs- und Verbindlichkeitsgrad dieser Formulierungshilfen, durch individuellere Aussagen und spezifische Lernstandsbeschreibungen genauere Diagnose- und Lernhilfen vermittelt werden, was auch die unflexible Härte und Simplifizierung der schlichten Ziffernbenotung ein wenig zu mildern und auszudifferenzieren vermag. Andererseits sollte natürlich auch mit bedacht werden, dass häufig sprachliche Formulierungen wegen des direkteren und vielleicht auch etikettierenden Adressatenbezugs zu einer viel stärkeren persönlichen Betroffenheit führen können. Diese sensiblen und diffizilen Auslegungsspielräume durch einheitliche Formulierungsvorschläge möglichst klein und transparent zu halten, ist ja auch die Rechtfertigung für die bereits angesprochenen Bewertungsfloskeln. Mit diesen o.a. Normierungstendenzen innerhalb der Verbalformulierungen soll auf Forschungsbefunde reagiert werden, die zumindest in der Vergangenheit die Gefahr belegten, dass durch semantische, inhaltliche Unklarheiten und Missverständnisse möglicherweise noch weit massivere und schädlichere Auswirkungen zu befürchten sein könnten als durch relativ neutrale, distanzierte und zumindest auf den ersten Blick eindeutig zu verstehende Ziffernnoten (vgl. Benner & Ramseger 1985; Ipfling 1998; Jachmann & Tillmann 2000; Ulbricht 1993).

8.1.4.2 Lernentwicklungsberichte

Im Gegensatz zu diesen relativ knapp gehaltenen Verbalumschreibungen für vergleich- und quantifizierbare Leistungen stehen die viel ausführlicheren Lernentwicklungsberichte, die seit einigen Jahrzehnten vor allem in Alternativ- oder Reformschulmodellen in Gebrauch sind und sich beispielsweise in der Laborschule Bielefeld seit Anfang der 1970er Jahre etabliert und bewährt haben. Hier wird versucht, den Eltern und den Schülern einen ausgesprochen differenzierten Einblick in den Lernprozess selbst und die persönlichen Leistungen und Fortschritte des Kindes zu geben. Dazu gehört auch, dass Mängel und Defizite in diesen umfangreichen, individuellen Lerndokumentationen offen und genau benannt und beschrieben werden. Damit wird auch ein zentraler Unterschied zum sogenannten „schönen Zeugnis" aufgezeigt, welches die Leistungsdefizite und Verhaltensschwierigkeiten durch taktvolle Umschreibungen und positive Umformulierungen zu verschleiern und zu beschönigen sucht (vgl. Benner & Ramseger 1985)[12]. Neben der klaren und konsequenten Ausrichtung am jeweiligen persönlichen Lernprozess und an der individuellen Bezugsnorm sollen in möglichst allen Lernbereichen für die aufgezeigten Schwierigkeiten aber auch Lösungs- oder Weiterentwicklungsmöglichkeiten angeboten werden. Die Lernentwicklungsberichte versuchen also konkrete Übungs- und

12 Auf die bereits vor Jahrzehnten von Dietrich Benner und Jörg Ramseger festgestellten Mängel des „schönen Zeugnisses" mit all seinen Missverständlichkeiten und seiner kaum zu entschlüsselnden Beurteilungsfloskologie sei hier nur am Rande hingewiesen. Dass Formulierungen wie „Er hat sich bemüht" oder „Der lebhafte Schüler weiß sich in der Klassengemeinschaft gut zu behaupten" inzwischen von den meisten Erziehungsberechtigten als Alarmsignal gelesen werden, darf als starkes Indiz für die weitgehende Etablierung dieser Form von Defizit-Bemäntelung gelten. Bedauerlicherweise steht dadurch nach m. E. auf lange Sicht die Entwertung von wirklichem Lob und echter Leistungsanerkennung zu befürchten.

Verbesserungsangebote zum Lern- und Arbeitsverhalten zu machen, die bis in feinmethodische Details wie Übungsmaterialien, Lernstrategien, Zeitmanagement usw. hinein gehen können. Unterschieden werden kann bei dieser ausführlichen Spielart des Verbalzeugnisses noch zwischen Zeugnisbriefen, die in der zweiten Person geschrieben sind und unmittelbar an das Kind adressiert werden, und den in der dritten Person etwas neutraler und distanzierter formulierten Berichtszeugnissen. Wie stark diese Lernentwicklungsberichte als Zeugnisbriefe von direkter Ansprache und dem Bemühen um individuelle Diagnose und Fördermöglichkeit gekennzeichnet sind, mag das folgende, fast schon klassische Beispiel aus der vierten Jahrgangsstufe der Laborschule Bielefeld belegen, das sich ganz persönlich und unvermittelt nicht an die Eltern, sondern an die zu beurteilende Schülerin selbst richtet:

> „Liebe Marion,
> Du hast von allen ‚Silber'-Kindern die wenigsten Fehler bei der Radfahrprüfung gemacht und hast die schriftliche Verkehrsprüfung gleich beim ersten Mal bestanden! Du hast den Kopfsprung gelernt, kannst über einen hohen Bock springen und an ein weit entferntes Trapez fliegen, Du kannst Theaterstücke erfinden und schöne Geschichten schreiben und vorlesen! Und seit zwei Wochen magst Du nun auch gern rechnen, weil Du ganz plötzlich verstanden hast, wie man mit großen Zahlen malnehmen kann, und gemerkt hast, dass das Rechnen nicht so scheußlich schwer ist, wie Du gedacht hast. Weißt du noch, wie bange Du warst beim Übergang vom Haus 1 ins Haus 2? (...) Wie Du Dich gefürchtet hast vorm Lesen-und Rechnen- und Schreibschriftlernen und ich Dir versprechen musste, dass ich neben Dir sitzen werde zum Helfen? Nun bist Du in diesen zwei Jahren zu einem wirklich großen Schulmädchen geworden, das sehr, sehr viel gelernt hat und so fabelhaft arbeiten kann wie nur wenige andere Kinder in der Gruppe. (...) Du hast anhand der Rechenstäbe die Mal- und Geteiltaufgaben des kleinen Einmaleins verstanden und kannst sie auch recht gut auswendig; Du weißt, wie man Zahlen zerlegt, um leichter über Zehner und Hunderter plus und minus rechnen zu können, und seit neuestem kennst Du auch die Technik,

> mit der Erwachsene große Zahlen schriftlich zusammenrechnen und halbschriftlich malnehmen. (...) Du musst mit dem „Little Professor" kopfrechnen, so oft Du kannst, bis Du die Mal- und Geteiltaufgaben des kleinen Einmaleins und die Zehnerübergänge mit plus und minus ‚im Schlaf' auswendig kannst. (...) Leider kannst Du Dir die Schreibweise der Wörter, die Du geübt hast, schlecht merken. Ich glaube, das liegt nicht nur am schwachen Gedächtnis, sondern auch daran, dass die Wörter in Deinem Kopf etwas anders klingen, als sie geschrieben werden. Wenn Du keine Angst mehr hast vor dem Krankenhaus, dann sollte untersucht werden, ob Deine Nase und Ohren ganz in Ordnung sind" (Bambach 1993, 14–15).

Bereits an diesem relativ kurzen Zeugnisausschnitt dürften die intensive Beobachtungsarbeit und die elaborierte Diagnosekompetenz der Lehrkraft offensichtlich geworden sein. Deutlich wird daneben aber auch, dass es oft genug kaum zu vermeiden ist, bei der Leistungsrückmeldung auf die soziale Norm, also auf den Vergleich mit anderen Schülern, zurückzugreifen („von allen ‚Silber'-Kindern[13] die wenigsten Fehler") – und dies bei allem absolut anerkennenswerten Bemühen um eine Orientierung an der individuellen Norm und am individuellen Lernverlauf. Zudem kann gerade bei der Zielkompetenz „Beherrschung des Einmaleins" der überpersönliche Charakter dieses Lernzieles als gesellschaftliche Konvention, als bildungsrelevante und damit letztendlich unvermeidlich selektive Sozialnorm ja weder übersehen noch bestritten werden. Dieses (von der Grundintention her für alle Kinder geltende) Lern-, Bildungs- und Förderziel „Mal- und Geteiltaufgaben im Schlaf beherrschen" wird implizit immer eine im Vergleich unterschiedlich gut gelungene Annäherung an genau diese Kompetenz erzeugen – oder eben auch ein Scheitern daran.

Neben diesen klassischen Wegbereitern der Lernentwicklungsberichte gibt es inzwischen flächendeckende Formen dieser Beurteilungen an

---

13 In der Laborschule Bielefeld werden diese Farbbezeichnungen für die jahrgangsgemischten Stammgruppen statt einer Ziffern/Buchstabenkombination (wie 2a) verwendet; die ersten drei Schulbesuchsjahre bleiben die Schüler in Haus 1, dann erfolgt der Übergang in das große Haus 2.

den Regelschulen, die auch Gegenstand wissenschaftlicher Begleitforschung sind. Das Projekt LUZI (Leistungsbeurteilung ohne Ziffernzeugnisse) der TU Dortmund versuchte die Effekte der Verbalbeurteilungen an vier Modellschulen in Nordrhein-Westfalen nachzuweisen. Die Zeugnisberichte an der Wartburg-Schule in Münster und der Peter-Petersen-Schule (Rosenmaarschule) in Köln werden wie folgt charakterisiert:

> „Im Durchschnitt sind in beiden Schulen die Lernentwicklungsberichte zwei Seiten lang. In den Zeugnissen wird in der dritten Person über das Kind berichtet (‚C. kam interessiert und wissbegierig zur Schule'). Für die Darstellung der Entwicklung wird die Vergangenheitsform genutzt. Inhaltlich werden zunächst Arbeits- und Sozialverhalten beschrieben. Die Hinweise zu den Lernbereichen/Fächern machen den größten Anteil des Zeugnisses aus. Am Ende des Zeugnisses wird unter der Kategorie ‚Bemerkungen' die erfolgreiche Teilnahme zum Beispiel an AGs erwähnt. Es werden immer wieder Beispiele aus dem Unterrichtsalltag aufgeführt (‚Beim Römerprojekt entwickelte sie eine Spielszene aus dem Leben von Kindern in der Römerzeit mit und setzte dabei die erarbeiteten Kenntnisse z. B. über römische Zahlen oder einige lateinische Wörter ein.'), die spezielle Leistungen noch einmal untermalen und in Erinnerung rufen, dadurch sind die Lernentwicklungsberichte für Eltern und Schülerinnen und Schüler meist sehr verständlich und konkret. Außerdem haben diese Beispiele ‚situative Erzähl- und Reflexionsanregungen' zur Folge (Kunze & Solzbacher 2008). Neben der fachlichen Beurteilung wird das Sozialverhalten und das Lern- und Arbeitsverhalten beschreibend bewertet" (Bos et al. 2010, 24).

Für das Beurteilen des Arbeits- und Sozialverhaltens werden die von Bartnitzky und Christiani vorgeschlagenen fünf Kategorien als Orientierung verwendet, die neben den fachlichen Kompetenzen und Leistungen bewertet werden sollen: Kooperationsfähigkeit, Selbstständigkeit, Leistungsbereitschaft, Umgang mit Konflikten und Kritik, Verlässlichkeit und Produktivität (vgl. Bartnitzky & Christiani 1994, 54 f.). Deutlich erkennbar wird an diesen kurzen Zeugnisausschnitten der überwiegend beschreibende und berichtende Erzählmodus, der natürlich den notwendigen Wechsel in eine diagnostisch-analytische Leistungsbewertung nicht immer ganz bruchlos erscheinen lässt. Es besteht sicherlich ein gewisses Risiko, dass diese Berichte stark dem lediglich deskriptiv-narrativen Rückblick verhaftet bleiben. Auf die enormen diagnostischen Kompetenzen der Lehrkraft, die für die prozessbegleitenden Beurteilungen des Sozial- und Arbeitsverhaltens erforderlich sind, wurde an anderer Stelle ja bereits hingewiesen.

Bezeichnender- und bedauerlicherweise blieben die in der längsschnittlich angelegten LUZI-Studie von Bos et al. festgestellten Effekte zum Vor- oder Nachteil der alternativ angelegten Beurteilungsformen ausgesprochen diffus und spekulativ. Eine qualitative Auswertung der einzelnen Elternaussagen findet sich nur in Andeutungen, was bei der eher anekdotischen Ausrichtung dieser Gesprächsbestandteile auch kaum anders möglich erscheint: „‚Eine Note – so eine Mutter –, gibt wenig Anreiz sich verbessern zu wollen, sie erschreckt eher'" (Bos et al. 2010, 33), so eine stellvertretende und beispielhafte Äußerung.

Das Gesamtfazit bezüglich der pädagogischen Wirkeffekte und Verbesserungen durch Verbalbeurteilungen auch mit Blick auf diese ausgesprochen aktuellen empirischen Untersuchungen fällt, wie schon in Kapitel 6.7 zur Zwischenbilanzierung des Vergleichs „Gesellschaftlicher versus pädagogischer Leistungsbegriff", eher ernüchternd aus, da sich eindeutige und echte Vorteile einer Umstellung nicht belegen lassen; dieses Resümee gilt umso mehr, als die fördernden und verzerrenden Auswirkungen, die durch den innovativen und besonderen Charakter alternativer Beurteilungsformen verursacht werden, forschungsmethodisch nur sehr mühsam herausgerechnet oder auch nur minimiert werden können.

8.2 Zeugnisse an Alternativ- und Reformschulen

Grundsätzlich sehen sich die meisten der im Bund der Freien Alternativschulen e. V. (BFAS) lose zusammengeschlossenen Schulen einem weitgehend pädagogisch ausgerichteten Leistungsverständnis unter den Vorgaben eines stark individualisierten Lernweges verpflichtet. In der Praxis bedeutet dies gemeinhin einen Verzicht auf Ziffernnoten und standardisierte Leistungserhebungen und stattdessen eine als „ganzheitlich“ bezeichnete Würdigung der gesamten Schülerpersönlichkeit durch ausführliche verbale Bewertungsformen. Im Rahmen dieses generellen Selbstverständnisses finden sich aber durchaus zahlreiche Beurteilungsvariationen, die im überschaubaren Rahmen dieses Buches nur an den beiden relativ weit verbreiteten Beispielen der von Rudolf Steiner begründeten Waldorf-Pädagogik und der Montessori-Schulen erläutert werden sollen.

8.2.1 Verbalbeurteilungen an Waldorfschulen

Eine gewisse Sonderstellung innerhalb der Reform- und Alternativschulen nehmen m. E. die im Bund der Freien Waldorfschulen organisierten Schulen ein, die sich neben ihrer langen Tradition durch die zu Grunde liegende anthroposophische Lehre einen relativ dichten weltanschaulichen Kosmos geschaffen haben, der nicht nur das pädagogische Handeln, sondern das ganze Leben bestimmen sollte. Daraus ergibt sich für die Leistungsbewertung zwangsläufig ein sehr intensiver Zugriff auf die Gesamtpersönlichkeit der Schüler, der über die rein deskriptive Erfassung der Lernentwicklung hinausgeht. In erster Linie geht es darum, dass die Kinder eine möglichst allseitige und umfassende Persönlichkeitsentwicklung erfahren, die ihren Ursprung aus den Bildungsvorstellungen der deutschen Klassik keineswegs leugnet.

Daher umfassen die Zeugnisberichte der Waldorfschulen neben einer detaillierten Beschreibung des Lernens in den einzelnen Fächern auch noch einen abschließenden, vom Lehrer oft individuell verfassten Zeugnisspruch zu dem Charakter und dem Temperament des Kindes. Wie weitgehend diese Zeugnissprüche ins Wesen des Schülers hineinhorchen, mögen diese ausschnitthaft eingefügten Zeugnisbemerkungen belegen:

> „Maria (…) wirkte recht still, getraute sich aber dann mehr und mehr, an Unterrichtsgesprächen teilzunehmen und beim morgendlichen Sprechen und Musizieren mitzumachen. (…)

Für das nächste Schuljahr soll sich Maria vornehmen, noch mehr Fleiß und Einsatzfreude zu entwickeln, dann wird sich auch bei den Dingen Erfolg einstellen, die ihr nicht leicht zufallen.

Für Maria: Mit wachem Sinn die Welt zu seh'n.
Sei meines Strebens Ziel.
Nicht säumen und alleine steh'n
Im Tun ich wachen will.
Im Tun mit anderen vereint;
Göttlich' Licht ins Erdendunkel scheint" (Kiersch 1991, 134 f.).

In der Waldorfpädagogik finden sich innerhalb der sogenannten Temperamentenlehre vier verschiedene Ausrichtungsmöglichkeiten, nämlich sanguinisch, cholerisch, phlegmatisch oder melancholisch. Ganz offensichtlich wurde Maria unter diesen Maßgaben vom Lehrer als ein eher phlegmatisches Naturell eingeschätzt, dem eine leidenschaftlichere, stärker sanguinische Ausrichtung zur Harmonisierung des ganzen Wesens und Charakters durch den Zeugnisspruch nahegelegt wird. Die häufige und regelmäßige Repetition dieser sechs Zeilen einmal in der Woche soll dabei zu einem Ausgleich der einseitigen, phlegmatischen Wesensart und zu einem in sich harmonischen Individuum beitragen – mit allen möglicherweise folgenschweren positiven oder negativen Auswirkungen.

Zu einer ganzheitlichen Erziehung gehört natürlich auch eine starke Betonung der kreativen, musischen und handwerklichen Elemente, die neben diese eher persönlichkeitspsychologische Einschätzung tritt. In den Zeugnissen werden dementsprechend alle künstlerischen und gestaltenden Tätigkeiten mit dem Blick auf ein intensives Bemühen um die gesamte Schülerpersönlichkeit sehr deutlich und in aller Ausführlichkeit gewürdigt. Daher seien die Zeugnisse aus den Waldorfschulen auch nur als beispielhafte Hinweise auf eine ausgesprochen weit über die kognitiven Leistungen hinaus gehende, tief in die Persönlichkeit blickende Form der Beurteilung so ausführlich dargestellt. Das Für und Wider dieser umfassenden Beurteilungspraxis muss jeder Leser selbst abwägen, die unausweichlichen Konsequenzen wurden angedeutet.

8.2.2 Verbalbeurteilungen an Montessori-Schulen

Es ist relativ schwierig, über die zahlreichen in Deutschland existierenden Montessori-Schulen eine für alle geltende Beurteilungsform aufzuzeigen, da mehrere hundert dieser Bildungseinrichtungen mit mehr oder weniger traditioneller Ausrichtung und entsprechend modifizierten Zeugnisformen bestehen. Insgesamt aber findet sich auch hier ein weiteres Konzept einer hochdifferenzierten Beurteilung durch ein prozessorientiertes Wortgutachten. Zusätzlich werden die Unterrichtsfächer in einzelne Teilleistungen und Unterkompetenzen aufgespalten, die sich in den sogenannten Pensenbüchern dokumentieren lassen. Diese Pensenbücher der Montessori-Schulen können gleichsam als eine sich längsschnittlich über mehrere Jahrgänge erstreckende Beurteilungsmatrix verstanden werden. Diese Leistungsbögen etwa in den Fächern Deutsch oder Mathematik dokumentieren die individuelle Lernentwicklung des Schülers auf vier qualitativ unterschiedlichen Ni-

Mathematik

Name: ____________________

	kennen-gelernt	Geübt mit Material	Geübt ohne Material	beherrscht
Zahlen und Mengen im Raum 0–20	X	XXX	XX	X
Addition im Raum 0–20 (ohne ZÜ)	X	XXX	XX	X
Subtraktion im Raum 0–20 (ohne ZÜ)	X	XX	XX	
Kategorien: Einer – Zehner	X	XXX	X	X
Zehnerübergang	X	XX	X	
Anwendung dieser Rechenoperationen in Sachaufgaben	X			

Abb. 8: Pensenbuch der Montessori-Schule Würzburg, 2. Schulbesuchsjahr, Schuljahr 1998/99

veaus („kennen gelernt – geübt mit bzw. ohne Material – beherrscht"). In jeder Jahrgangsstufe wird in einer bestimmten Farbe die entsprechende Spalte markiert, so dass am Ende der Grundschulzeit ganz schnell abgelesen werden kann, wie sich etwa die mathematischen Kompetenzen beim Zehnerübergang in den ersten vier Jahren entwickelt haben.

Das oben stehende Beispiel kann verdeutlichen, dass die fortlaufenden Eintragungen, die in verschiedener Farbe in die passende Qualitätsspalte zweimal für die jeweiligen Jahrgangsstufen vorgenommen werden, erkennen lassen, dass etwa die Subtraktion im Zahlenraum bis 20 zwar schon in beiden Halbjahren des ersten Schuljahres kennengelernt und in der ersten Hälfte des zweiten Schulbesuchsjahr mit und ohne Material geübt wurde, aber auch jetzt zum Ende des zweiten Schuljahres noch nicht beherrscht wird.

Wie aus diesem Einblick ersichtlich, wird etwa im Fach Mathematik der Zahlenraum 0–20 unter anderem durch folgende Einzelleistungen spezifiziert: „Addition im Raum 0–20 (ohne ZÜ), Subtraktion i. R. 0–20 (ohne ZÜ), Zehnerübergang, Anwendung dieser Rechenoperationen in Sachaufgaben" (Pensenbuch 1998/99). Über andere mathematische Fachbereiche finden sich vergleichbare Tabellen, also etwa über die Einmaleins-Reihen, über Größenrelationen oder die geometrischen Flächenformen. Zu den prozessbegleitenden Beurteilungen in den Fächern treten zusammenfassende Wortgutachten über die Arbeitshaltung und das Sozialverhalten der Schülerin und des Schülers in der Klasse hinzu.

Bei diesem Beispiel aus der Montessori-Schule Würzburg dürfte das zentrale Ziel dieser Beurteilungspraxis deutlich geworden sein, auch wenn es, wie bereits erwähnt, natürlich nicht für alle anderen Montessori-Einrichtungen in der Bundesrepublik stehen kann. Es geht hier vor allem um die individuelle Lern- und Leistungsentwicklung der Kinder, deren Verlauf nachgezeichnet, wiedergegeben und bewertet werden soll. Selbstverständlich bleibt auch hier die Frage offen, ob eine kompetenz- und kriterienorientierte Skalierung nicht immer zwangsläufig auch den sozialen Vergleich mit sich bringt; es müsste also in jedem konkreten Einzelfall längerfristig beobachtet werden, ob sich diese vierstufige Kompetenzeinordnung in der Wahrnehmung der Schüler und der Eltern de facto von einer vierstufigen Notenskala unterscheidet.

8.3 Portfolios und andere Dokumentations- und Selbsteinschätzungsformen

Gegen Ende der 1990er Jahre tauchte in der erziehungswissenschaftlichen Diskussion eine neue, vollkommen andere Form der Leistungsbewertung auf, die eine geradezu kopernikanische Wende für den gesamten Beurteilungskosmos versprach (vgl. Winter 2004). Diese also relativ junge, von Kunstakademien und Wirtschaftsunternehmen übernommene Form der Leistungsdokumentation sollte unter der Bezeichnung Portfolio oder Sammelmappe in das Erziehungswesen Einzug halten. Bei diesen Portfolios geht es nun in der Tat um etwas prinzipiell anderes, nämlich um direkte Leistungsvorlagen, also den unmittelbaren Einblick in die erbrachte Leistung selbst, nicht um ihre Repräsentation oder Vermittlung durch eine Ziffernnote, eine verbale Lehrerbeurteilung oder ähnliches mehr. Es handelt sich also, um grundsätzlichen Missverständnissen vorzubeugen, in erster Linie nicht um eine eigentliche Bewertung oder Beurteilung von Leistungen, sondern primär um eine Form der Dokumentation, um eine Zusammenstellung aussagekräftiger Arbeitsergebnisse wie „Schulaufgaben, Arbeitsblätter, Projektberichte, Referatsunterlagen, Fotos u. a. m." (Vierlinger in Kirk 2004, 105) in einer Art Sammelmappe. Diese Zusammenstellung ist natürlich nicht an eine bestimmte Präsentationsform gebunden, statt einer Mappe könnte es auch ein Sammelband, eine Ausstellung, eine Schatzkiste mit unterschiedlichsten Medien als Überblick über den Arbeitsprozess sein; ebenso offen ist die Frage, ob diese Sammlung relevanter Ergebnisse mit oder ohne erläuternde und möglicherweise bereits wertende Lehrerkommentare angelegt werden sollte. Die entscheidende Auswahl der dokumentierten Arbeiten kann ebenfalls eigenständig und autonom nur vom Schüler, aber auch in Beratung und Abstimmung mit der Lehrkraft vorgenommen werden, um die Selbstbeurteilungs- und Ichkompetenz der Lernenden zu stärken. „Es wird demnach nicht gehandhabt wie ein herkömmliches von der Lehrkraft praktiziertes Instrument der Leistungsmessung, sondern versteht sich als Selbstevaluation der Schüler und Schülerinnen" (Gutwerk & Elsner 2004, 52). Zu dieser Möglichkeit der Leistungspräsentation gehören notwendigerweise vorausgehende Tätigkeiten wie Sammeln, Dokumentieren, Notieren,

Auswählen, Reflektieren, Vergleichen und Bewerten, die quasi als zusätzliche Kompetenzen mit einfließen. Dies macht einen permanenten und konstanten Dialog zwischen Lehrer und Schüler, zwischen Lernbegleiter und Lernendem erforderlich, damit beide gemeinsam die aussagekräftigsten Arbeitsprodukte zusammenstellen können. Damit wird die Eigenverantwortung des Schülers bei der Beurteilung seiner Leistungen im Sinne einer neuen Lernkultur sichtbar gemacht. Es bedeutet aber eben auch, dass der Schüler diese Verantwortung übernehmen muss.

In systematischer Hinsicht kann bei diesen Portfolios abhängig von der Zielsetzung und dem Adressaten zwischen Arbeits-, Beurteilungs-, Vorzeige- und Entwicklungsportfolios unterschieden werden. Das Arbeits- oder Dokumentationsportfolio ist grundsätzlich zunächst als reiner Beleg für eine Leistung gedacht, im Beurteilungsportfolio wird versucht, möglichst beurteilungsrelevante, aussagekräftige Arbeiten zusammenzustellen. Das Vorzeigeportfolio vereint eine repräsentative Auswahl besonders gelungener, ansprechender und ästhetischer Ergebnisse, während das Entwicklungsportfolio seinen Fokus vor allem auf Weiterentwicklung, Lernfortschritt und Kompetenzzuwachs richtet. Das ganze Spektrum der vorgelegten Portfolios kann sich also von einer mehr oder weniger umfassenden, alltäglichen, enzyklopädischen Arbeitsdokumentation bis zu einer sorgsam ausgesuchten und bestens strukturierten Anordnung handverlesener Spitzenergebnisse erstrecken (vgl. Kirk 2004, 104 f.; Winter 2004).

Die Erwartung an eine derartige Mischung aus direkter und indirekter Leistungszusammenstellung, also grundsätzlich unbewerteter, daneben aber auch bewerteter oder zumindest kommentierter, immer jedoch für aussagekräftig befundener Arbeitsergebnisse sind dementsprechend hoch: Sie sollen die individuelle Lernentwicklung des Schülers aufzeigen und transparent machen, indem sie der punktuellen und unbefriedigenden Produktorientierung eine prozessbegleitende Alternative entgegen setzen. Außerdem könne sie die Heranwachsenden zumindest auf die lange Sicht zu einer ausgesprochen eigenständigen und eigenverantwortlichen Selbsteinschätzung ihres Leistungsvermögens führen und damit ein realistisches Selbstbild ermöglichen. Diese optimistischen Annahmen werden von der empirischen Unterrichtsforschung allerdings nur zum Teil gestützt und könnten nach dem augenblicklichen Erkenntnisstand auch noch durch den Neuigkeitseffekt verzerrt werden (vgl. Brouër 2007a, 2007b).

Neben der noch ausstehenden empirischen Validierung lassen sich aber auch systematische Bedenken formulieren; denn letztendlich wird in unserer leistungsorientierten, pluralistischen und selektiven Gesellschaft durch das Portfolio die Beurteilung und Bewertung der Leistung möglicherweise nur auf einen späteren Zeitpunkt und auf einen anderen Betrachter verlagert. Bei einer konsequenten Umstellung auf direkte Leistungsvorlagen müsste am Ende eines Schuljahres die ganze Fülle der ausgewählten Arbeiten, von Aufsätzen über Sachaufgaben und Versuchsergebnisse bis hin zu Videodokumentationen der Flugrolle im Sportunterricht, dem nächsten Klassenlehrer vorgelegt werden, damit dieser auf der Basis dieser Lerndokumentation über den Übertritt in die nächste Jahrgangsstufe oder die weitere Schullaufbahn entscheiden könnte. Analoges gilt in größerem Maßstab für die Aufnahme in eine weiterführende Schule, einen Ausbildungsbetrieb oder schließlich die Universität. Neben nachvollziehbaren Bedenken bezüglich der Unhandlichkeit oder Authentizität dieser Sammlung ergeben sich aber viel fundamentaler Argumente gegen diese Vorgehensweise. Denn ob diese aufnehmende Institution dann die subjektiv ausgewählte, möglicherweise nachgebesserte und intransparent entstandene Sammelmappe mit ihren bislang ja noch gar nicht bekannten Qualitätskriterien gerecht oder auch nur nachvollziehbar zu bewerten vermag, darf in der Tat angezweifelt werden. Hinzu kommt, dass diese Bewertungsinstanzen, ob es nun Eltern, Handwerksmeister oder Universitätsprofessoren sind, die ja so etwas wie ein „Gut-genug"-Prädikat zu vergeben haben, über die Entstehungsbedingungen und die Leistungsvorgaben niemals einen wirklich umfassenden Überblick haben können.

Auf eine weitgehende Selbstbeurteilung setzen, ähnlich wie das Portfolio, auch verschiedene Formen von dokumentarischen Lerntagebüchern, Selbsteinschätzungsbögen und Selbstbeurteilungsheften, die natürlich stark zur Selbstkompetenz der Schüler beitragen können, aber auch die Gefahr des Delegierens der schwierigen Beurteilungsarbeit an möglicherweise überforderte Schüler mit sich bringen dürften. Insgesamt scheinen zumindest die leistungsstarken Schüler aber eine bemerkenswert souveräne und reflektierte Umgangsweise mit Beurteilungen jeder Art zu haben (vgl. Beutel 2005).

9

Gesamtresümee und Diskussion

Ganz am Ende aller Überlegungen zur Thematik Leistung, Leistungsmessung und Leistungsbewertung lässt sich neben einem resümierenden Rückblick auch ein vorsichtiger Ausblick auf die zukünftige Entwicklung wagen, gerade mit Bezug auf die Bildungstheorie.

Zum Ersten lässt sich an der Einbettung der Schule in den Rahmen einer leistungsorientierten Gesellschaft erkennen, dass schulische Bildung trotz aller pädagogischen Zielsetzungen zwangsläufig immer einen selektiven Charakter annimmt und damit früher oder später zur Verteilungsinstitution für Lebenschancen und Positionen wird. Diese selektive Funktion zieht eine soziale Leistungsnormierung zwischen den Schülern nach sich, die oft genug Härten und Ungerechtigkeiten mit sich bringt. Ob dieser Vergleich der Lernenden miteinander nun durch Noten, Verbalgutachten, Punktesysteme oder mündliche Beurteilungen vollzogen wird, erscheint dabei eher zweitrangig und ändert am selektiven Grundcharakter des Systems nichts. Diese Erkenntnis sollte die teilweise erbittert geführte Debatte um Ziffernnoten möglichst relativieren.

Zum Zweiten wirft die propagierte Orientierung am pädagogischen Leistungsbegriff mit individuellen Lernverläufen und umfassendem, ganzheitlichem Anspruch neue Probleme und neue Ungerechtigkeiten auf. Zudem bleiben bei einer genaueren Analyse der entscheidenden Kriterien des pädagogischen Leistungsverständnisses zahlreiche praktische und systematische Fragen ungeklärt. Beim Blick auf die dabei vorgeschlagenen Lernentwicklungsberichte oder Selbstbeurteilungsformen und anderen Möglichkeiten der Leistungsbeurteilung und der Leistungserziehung wird die ganze Komplexität dieser Herangehensweise erkennbar, die ein äußerst sorgfältiges diagnostisches Arbeiten ebenso erforderlich macht wie einen sensiblen und zurückhaltenden Beurteilungshabitus. Die Berechtigung des geradezu unbeschränkten Zugriffsrechts der Schule auf die gesamte Persönlichkeit des Schülers sei dabei mit allem Nachdruck in Frage gestellt, wobei grundsätzlich eine möglichst vielperspektivische und multifaktorielle Beurteilungspraxis selbstredend zu begrüßen ist.

In Anbetracht dieser pragmatischen Schwierigkeiten und grundsätzlichen Bedenken bei der Handhabung umfassender Lernentwicklungsberichte lässt sich zum Dritten nach meinem Dafürhalten noch eine weitere Option bei der Leistungsbeurteilung erkennen, nämlich das Reduzieren und Verkleinern von Ziffernnoten und allen anderen sozial normierten Bewertungen. Das bedeutet den Versuch, die Benotung auf das zu beschränken, was sie wirklich zu leisten vermag, nämlich einen produktorientierten, oft nur punktuellen Vergleich mit den durchschnittlichen Leistungen einer möglichst großen Bezugsgruppe in einem sehr eng umrissenen Feld von spezifischen Kompetenzen oder Wissensbereichen; im konkreten Fall maßt sich die Note „2“ wirklich nicht mehr an als die Attestierung einer im Vergleich mit den Ergebnissen anderer Schüler guten Leistung etwa bei der orthographischen Beherrschung der Mitlautverdopplung zu einem bestimmten Messzeitpunkt. Dies würde zumindest in diesem Moment die klare Absage an alle pädagogischen Allmachts- und Allerfassungsphantasien bedeuten. Das Erbringen, Dokumentieren und Bewerten von Leistung könnte durch diese Reduzierung möglicherweise seinen absoluten und dominanten Eigenwert verlieren und auf einen beschränkten Dienstcharakter minimiert werden, also nicht für sich selbst genommen wichtig sein, sondern nur als Mittel zu etwas Weitreichenderem herangezogen werden, nämlich um Rückmeldungen über das Erreichen von individuellen oder gemeinsamen (Lern-)Zielen zu gewinnen.

Diese Versachlichung und Beschneidung der überbordenden und hypertrophen Leistungserziehung scheint zum Vierten und Letzten auch noch aus einem abschließenden Gedanken heraus notwendig zu sein, der zu den bisherigen Überlegungen ein wenig konträr wirkt und angesichts der allgegenwärtigen Leistungsdebatte weitgehend in die Vergessenheit abzugleiten droht. Denn immerhin scheint zum menschlichen Leben ein Gleichgewicht von Arbeit und Ruhe, von Anstrengung und Muße, von Kampf und Kontemplation zu gehören, das nicht auf die Dauer gestört sein sollte (vgl. Arendt 1998). Für den Bildungsbereich gilt diese Grundforderung in besonderem Maße; konkret sollte daraus ein schulischer Rhythmus von Arbeit und Entspannung erwachsen, wie Peter Petersen bereits in seinen vier Bildungsgrundformen „Arbeit, Gespräch, Spiel, Feier" angelegt hatte. Ganz ähnlich lässt sich auch Hartmut von Hentigs Erziehungsziel der Glücksfähigkeit und des Lebensgenusses verstehen, das nicht hinter und unter die ebenso notwendigen leistungsbezogenen Anforderungen der Schule zurücktreten solle (vgl. v. Hentig 2008). Gerade in einer Schule, der es um das ganze Wesen des Menschen zu tun ist, sollten die genussbetonten, uneffektiven und zeitverschwenderischen Augenblicke nicht verloren gehen, nachdem die dionysische Seite des Menschen seit den klassischen Bildungsideen ja ohnehin immer zu kurz gekommen war, wie Friedrich Nietzsche bereits gegen Ende des 19. Jahrhunderts scharf zu konstatieren wusste (vgl. Nietzsche 2009). Das Zulassen und Einüben einer musischen, genießenden oder kontemplativen Lebenspraxis als Teil einer umfassenden Schulkultur müsste daher leistungsfreie Bereiche bereithalten, die gleichrangig neben die leistungsorientierten Formen möglichst effektiven Wissenserwerbs treten sollten. Die zeitgemäße Schule kann sich damit auch auf ein Selbstverständnis besinnen, welches an die grundlegende und ursprüngliche Bedeutung des Wortes scholé oder schola (also Muße, Mühelosigkeit) anknüpft und damit an diesem Ort anwendungsfreier Muße und Besinnung den unschätzbaren Luxus des Zeithabens und Zeitverschwendens ermöglicht.

Dies scheint neben den schulpädagogischen Ziel- und Argumentationskorridoren auch ein notwendiges gesellschaftliches Korrektiv zu den teilweise menschenfeindlichen Entwicklungen der Moderne zu beinhalten, die in immerwährender Steigerung der Effektivität eine Optimierung des leistungsbezogenen Outputs propagieren und einfordern. Hierbei gerät mancher unter die Räder dieser Produktionsmaschinerie, der nicht mehr Schritt halten kann mit der Übersteigerung der Leistungserwartungen. Gesellschaftskritische Autoren weisen auf irreparable psychische Schäden hin, die dem modernen Menschen durch die hektische Leistungsbereitschaft und permanente Ruhelosigkeit in allen Bereichen unseres Lebens entstehen können (vgl. Geißler 1994). Ein bedenkliches Anzeichen dafür ist auch nach meinem Dafürhalten, ohne hier eine allzu simplifizierende Kausalität herstellen zu wollen, die besorgniserregende Quote an psychischen Erkrankungen und Suiziden in nahezu allen westlichen Industriestaaten. Die Fähigkeit zum leistungsfreien Schätzen und Genießen schöner, glücklicher und einfacher Augenblicke, ohne Druck und ohne leise Selbstvorwürfe, sollte mit allem Recht als Bildungsziel eingefordert werden – gerade auch unter dem Aspekt eines immer drängenderen Bedürfnisses nach sinnvoller und erfüllter Freizeitgestaltung.

Neben allem verständlichen Streben nach Leistung, welches ja auch der individuellen Selbstverwirklichung, Orientierung und Identitätsfindung dient und das in unserer heutigen Wissensgesellschaft notwendiger denn je geworden ist, sollte Bildung daneben also auch die kontemplative Muße, das Staunen und Nachdenken über Erfahrungen ohne Fixierung auf vorzeig- und messbare Endprodukte umfassen. In wie weit dies in einer so ergebnisverliebten Institution wie der Schule möglich ist, bleibt natürlich abzuwarten, vor allem in diesen Zeiten einer immerwährenden Forder- und Fördereuphorie. Dass aber Zeit und Muße notwendig sind, um sich wirklich vertieft auf eine immer wieder erstaunliche Welt einzulassen, um sich autopoietisch seine eigenen Erklärungsmodelle und seine eigene Wirklichkeit zu konstruieren, dürfte kaum zu bestreiten sein. Der Aufbau einer differenzierten und wirklich befriedigenden individuellen Lern- und Bildungsbiographie mit dem Einschichten der in den kollektiven Wissensbeständen aufbewahrten, symbolisch verdichteten und konzentrierten Welterfahrung entzieht sich der effizienzorientierten Vertaktung ebenso wie einer wirklich objektiven Output-Messung. Für wirkliche Bildungsprozesse, um Rousseaus zentrales Moment jeglicher Erziehung aufzugreifen, muss man Zeit haben und eben auch Zeit verlieren können (vgl. Rousseau 1995, 72).

Abbildungsverzeichnis

Literatur

Arendt, H. (1998): Vita activa oder Vom tätigen Leben. 10. Aufl. München.

Ariès, Ph. (2007): Geschichte der Kindheit. 16. Aufl. München.

Aurin, K. (Hrsg.) (1991): Gute Schule – worauf beruht ihre Wirksamkeit? Bad Heilbrunn.

Avenarius, H. (2004): Leistungsbewertung, rechtlich. In: Keck, R.W., Sandfuchs, U. & Feige, B. (Hrsg.): Wörterbuch Schulpädagogik. 2. Aufl. Bad Heilbrunn. 280–282.

Bambach, H. (1993): Ermutigungen. Zeugnisse ohne Noten im dritten und vierten Schuljahr der Bielefelder Laborschule. In: Die Grundschulzeitschrift, 7, Heft 63 (April), 12–15.

Bartnitzky H. & Christiani, R. (1994): Ohne Zensuren in den Klassen 3 und 4. Sonderdruck des 8. Kapitels der erweiterten Neuausgabe des Buches „Zeugnisschreiben in der Grundschule“. Frankfurt.

Bartnitzky, H. (1997): Leistung und Leistungsbeurteilung. Leistung der Kinder? Leistung der Schule? In: Haarmann, D. (Hrsg.): Handbuch Grundschule. 3. Aufl. Weinheim und Basel, Bd. 1, 114–128.

Benner, D. (1990): Wilhelm von Humboldts Bildungstheorie. Eine problemgeschichtliche Studie zum Begründungszusammenhang neuzeitlicher Bildungsreform. Weinheim, München.

Benner, D. & Ramseger, J. (1985): Zwischen Ziffernzensur und pädagogischem Entwicklungsbericht: Zeugnisse ohne Noten in der Grundschule. In: ZfPäg. 2/1985. 165/166.

Beutel, S. (2005): Zeugnisse aus Kindersicht. Weinheim/München.

Blankertz, H. (1992): Die Geschichte der Pädagogik. Wetzlar.

Bohl, T. (2004): Prüfen und Bewerten im Offenen Unterricht. Weinheim & Basel.

Böhm, W. (2000): Wörterbuch der Pädagogik. Stuttgart.

Böhm, W. (2010): Geschichte der Pädagogik. Von Platon bis zur Gegenwart. 3., verbesserte Aufl. München.

Bollnow, O.F. (1947): Einfache Sittlichkeit. Kleine philosophische Aufsätze. Göttingen.

Bortz, J. (2005): Statistik für Human- und Sozialwissenschaftler. 6. Aufl. Heidelberg.

Bos, W., Hornberg, S., Arnold, K.-H., Faust, G., Fried, L., Lankes, E.-M., Schwippert, K. & Valtin, R. (Hrsg.) (2007). IGLU 2006. Lesekompetenzen von Grundschulkindern in Deutschland im internationalen Vergleich. Münster.

Bos, W., Beutel, S.-I., Berkemeyer, N. & Schenk, S. (2010): LUZI. Leistungsbeurteilung ohne Ziffernzeugnisse. Abschlussbericht der wissenschaftlichen Begleitforschung. IFS der TU Dortmund. Dortmund.

Breidenstein, G. & Meier, M. (2004): „Streber" – Zum Verhältnis von Peer Kultur und Schulerfolg. In: Pädagogische Rundschau, 58, H. 5: Bildungsforschung zwischen Ethnographie und Kulturtheorie. 549–565.

Breitenbach, E. (2003): Förderdiagnostik. Würzburg.

Breitschuh, G. (1993): Das Schulzeugnis von der Einführung der Schulpflicht bis 1970. In: Liedtke, M. (Hrsg.): Handbuch der Geschichte des bayerischen Bildungswesens. Bad Heilbrunn.

Brouër, B. (2007) Portfolios zur Unterstützung der Selbstreflexion. In: Gläser-Zikuda, M. & Hascher, T. (Hrsg.): Lernprozesse dokumentieren, reflektieren und beurteilen. Lerntagebuch und Portfolio in Schulforschung und Schulpraxis. Bad Heilbrunn. 235–266. (Brouër 2007a)

Brouër, B. (2007): Lerntagebuch und Portfolio auf dem Prüfstand. Empirische Pädagogik, 21 (2), Themenheft. Landau. 157–173. (Brouër 2007b)

Bronfenbrenner, U. (1989): Die Ökologie der menschlichen Entwicklung. Frankfurt.

Deci, E. & Ryan, R. (1993): Die Selbstbestimmungstheorie der Motivation und ihre Bedeutung für die Pädagogik. Zeitschrift für Pädagogik, 39, 223–238.

Deutscher Bildungsrat (Hrsg.) (1970/72): Strukturplan für das Bildungswesen. Empfehlungen der Bildungskommission. 4. Aufl. Stuttgart.

Duncker, L. (2007): Die Grundschule. Schultheoretische Zugänge und didaktische Horizonte. Weinheim, München.

Einsiedler, W. (1998): Bildung grundlegen und Leisten lernen in der Grundschule. Nürnberg.

Einsiedler, W. (2011): Lehr-Lern-Konzepte für die Grundschule. In: Einsiedler, W./Götz, M./Hartinger, A./Heinzel, F./Kahlert, J. & Sandfuchs, U.: Handbuch Grundschulpädagogik und Grundschuldidaktik. 3. Aufl. Bad Heilbrunn. 341–351.

Felten, M. (Hrsg.) (1999): Neue Mythen in der Pädagogik – oder: Warum eine gute Schule nicht nur Spaß machen kann; ein bildungspolitisches Lesebuch. Donauwörth.

Felten, M. (2000): Kinder wollen etwas leisten. Wie Eltern und Lehrer sie dabei unterstützen können. München.

Fischer, W. (1987): Der Mensch – animal laborans. Philosophische und pädagogische Rückfragen zur neuzeitlichen Karriere der ‚Arbeit'. In: Vierteljahrsschrift für wissenschaftliche Pädagogik, 63, 1–16.

Fölling-Albers, M. (2008): Kinder und Kindheit mit Blick der Erziehungswissenschaft – Ein Überblick über den Forschungsstand. In: W. Thole, H.-G. Rossbach/M. Fölling-Albers & R. Tippelt (Hrsg.): Bildung und Kindheit. Pädagogik der frühen Kindheit in Wissenschaft und Lehre. Opladen. 33–47.

Geißler, K. (1994): Zeit leben. Vom Hasten und Rasten, Arbeiten und Lernen, Leben und Sterben. 4. Aufl. Weinheim, Berlin.

Götz, M. (2005): Verbalzeugnisse in der Grundschule – Anspruch und Realisierung. In: Götz, M. & Nießeler, A. (Hrsg.): Leistung fordern – Förderung leisten. Donauwörth, 78–92.

Götz, M. & Nießeler, A. (Hrsg.) (2005): Leistung fordern – Förderung leisten. Donauwörth.

Grunder, H.U. & Bohl, T. (Hrsg.) (2004): Neue Formen der Leistungsbeurteilung in den Sekundarstufen I und II. 2. Aufl. Hohengehren.

Grittner F. (2010): Leistungsbewertung mit Portfolio in der Grundschule. 2. Aufl. Bad Heilbrunn.

Gutwerk, S. & Elsner, D. (2004): Leistung im Fremdsprachenunterricht der Grundschule. In: Sache – Wort – Zahl, 32, Heft 63, 50–56.

Hattie, J.A.C. (2008): Visible Learning: A Synthesis of Over 800 Meta-Analyses Relating to Achievement. Routledge & Hall. Abingdon/GB.

Heckhausen, H. (1972): Funkkolleg pädagogische Psychologie. Studienbegleitbrief 2. Weinheim/Basel.

Helmke, A. & Weinert, F.E. (1997): Bedingungsfaktoren schulischer Leistungen. In: Weinert, F.E. (Hrsg.): Psychologie des Unterrichts. Göttingen u.a., 71–176.

Helmke, A. (2008): Unterrichtsqualität. Erfassen, Bewerten, Verbessern. Seelze.

Hentig, H. von (1975): Vorwort zur deutschen Ausgabe von Philippe Ariès: Geschichte der Kindheit. München.

Hentig, H. von (2008): Die Schule neu denken: Eine Übung in pädagogischer Vernunft. 7. Aufl. Weinheim & Basel.

Herrlitz, H.-G., Hopf, W. & Titze, H. (2000): Deutsche Schulgeschichte von 1800 bis zur Gegenwart. Eine Einführung. Mit einem Kapitel über die DDR von Ernst Cloer. Weinheim und München.

Hofmann, B. M. & Sasse, A. (Hrsg.) (2005): Übergänge. Kinder und Schrift zwischen Kindergarten und Schule. Bericht über die Jahrestagung der Deutschen Gesellschaft für Lesen und Schreiben. Rauischholzhausen 19. 11. 2004. Deutsche Gesellschaft für Lesen und Schreiben. Berlin.

Ingenkamp, K. (1986): Zeugnisse und Zeugnisreformen. In: Olechowski, R. & Persy, E. (1986): Fördernde Leistungsbeurteilung. Wien/München, 38–80.

Ipfling, H.-J. (1998): Zeugnisse ohne Noten in den Jahrgangsstufen 1 und 2. München.

Jachmann, M. (2003): Noten oder Berichte? Opladen.

Jachmann, M. & Tillmann, Kl.-J. (2000): Sind Noten gerechter als Berichtszeugnisse? Wie Schüler, Lehrer und Eltern die schulische Beurteilungspraxis sehen. In: Pädagogik 2000, 9, 36–42.

Jäger, R. S. (2007): Beobachten, bewerten, fördern. Lehrbuch für die Aus-, Fort- und Weiterbildung. Landau.

Jürgens, E. & Sacher, W. (2000): Leistungserziehung und Leistungsbeurteilung. Neuwied.

Jürgens, E. & Sacher, W. (2008): Leistungserziehung und pädagogische Diagnostik in der Schule. Stuttgart.

Jung, J. (2003): Anschauung und Symbolisierung – Anmerkungen zu den Grenzen der Handlungsorientierung. In: Cech, D. & Schwier, H.-J. (Hrsg.): Lernwege und Aneignungsformen im Sachunterricht. Bad Heilbrunn. 187–198.

Jung, J. (2004): Von der Ziffernbewertung zum Portfolio. In: Bayerische Schule. Zeitschrift des Bayerischen Lehrer- und Lehrerinnenverbandes e.V. 57. Jahrgang. Heft 12/2004. 21–24.

Jung, J. (2005): Formen, Prinzipien und Probleme der Leistungsbeurteilung. In: Götz, M. & Nießeler, A. (Hrsg.): Leistung fördern – Förderung leisten. Donauwörth. 63–77.

Jung, J. & Nießeler, A. (2011): Leistungen in der Schule. Studienhelfer 6 der Landesstudentengruppe des BLLV. München.

Kahl, R. (2004): Ein guter Schutz gegen Armut. Johannes Raus gesammelte Reden zum Bildungsnotstand. In: Die ZEIT, 12, 50.

Kiersch, J. (1991): Fragen an die Waldorfschule. Flensburg.

Kirk, S. (2004): Beurteilung mündlicher Leistungen. Bad Heilbrunn.

Klafki, W. (1976): Sinn und Unsinn des Leistungsprinzips in der Erziehung. In: Sinn und Unsinn des Leistungsprinzips. Ein Symposion. 4. Aufl. München. 87–104.

Klafki, W. (1989): Leistung. In: Lenzen, D. (Hrsg.): Pädagogische Grundbegriffe. 2. Aufl. Reinbek. 983–987.

Klafki, W. (1994): Sinn und Unsinn des Leistungsprinzips. In: Ders.: Neue Studien zur Bildungstheorie und Didaktik. 4. Aufl. Weinheim/Basel.

Kleber, E.W. (2006): Diagnose. In: Krüger, H.-H. & Helsper, W. (Hrsg.): Einführung in Grundbegriffe und Grundfragen der Erziehungswissenschaft. 7. Aufl. Opladen und Farmington Hills. 115–129.

Klein-Landeck, M. (2006): Zeugnisgespräche: Von der Sprachlosigkeit zum Dialog? In: Ludwig, H., Fischer, Ch., Fischer, R. & Klein-Landeck, M. (Hrsg.): Musik – Kunst – Sprache: Möglichkeiten des persönlichen Ausdrucks in der Montessori-Pädagogik. Münster. 263–268.

Krajewski, K., Küspert, P. & Schneider, W. (2002): DEMAT 1+. Deutscher Mathematiktest für erste Klassen. Göttingen.

Krope P. (2000): In acht Schritten zum Modernen Berichtszeugnis. Münster, New York, München, Berlin.

Kunze, I. & Solzbacher, C. (2008): Individuelle Förderung in der Schule. Hohengehren.

Küspert, P. & Schneider, W. (1998): Würzburger Leise Leseprobe (WLLP): Ein Gruppenlesetest für die Grundschule. Göttingen.

KWMBI I So.-Nr. 1/2000: Lehrplan für die Grundschulen in Bayern.

Landerl, K. (2000): Der Salzburger Lese- und Rechtschreibtest (SLRT): In: M. Hasselhorn, W. Schneider & H. Marx (Hrsg.), Diagnostik von Lese-Rechtschreibschwierigkeiten Göttingen. 63–80.

Lehmann, R.H., Hunger S., Ivanov, S. & Gänsfuß, R. unter Mitarbeit von Ellen Hoffmann (vermutl. 2004): LAU 11. Aspekte der Lernausgangslage und der Lernentwicklung Klassenstufe 11. Ergebnisse einer längsschnittlichen Untersuchung in Hamburg o.J.

Lehmann, R., Peek, R., Gänsfuß, R. & Husfeldt, V. (2011): LAU – Aspekte der Lernausgangslage und Lernentwicklung. Klassenstufe 5, 7 und 9. Münster.

Lenhard, W. (2005): Diagnostische Verfahren zur Leistungsfeststellung in der Grundschule. In: Götz, M. & Nießeler, A. (Hrsg.): Leistung fordern – Förderung leisten. Donauwörth. 38–62.

Liedtke, M. (2004): Leistung. In: Keck, R.W., Sandfuchs, U. & Feige, B. (Hrsg.): Wörterbuch Schulpädagogik. 2. Aufl. Bad Heilbrunn. 278–280.

Lienert, G. & Raatz, U. (1998): Testaufbau und Testanalyse. 6. Aufl. Weinheim.

Lissmann, U. (2010): Leistungsmessung und Leistungsbeurteilung. Eine Einführung. 2., korrigierte und ergänzte Aufl. Landau.

Ludwig, H., Fischer, Ch., Fischer, R. & Klein-Landeck, M. (Hrsg.) (2006): Musik – Kunst – Sprache: Möglichkeiten des persönlichen Ausdrucks in der Montessori-Pädagogik. Münster. 263–268.

Maier, M. (2001): Das Verbalzeugnis in der Grundschule – Anspruch und Wirklichkeit. Landau.

Martschinke, S. (2011): Identitätsentwicklung und Selbstkonzept. In: Einsiedler, W., Götz, M., Hacker, H., Kahlert, J., Keck, R. W. & Sandfuchs, U. (Hrsg.): Handbuch der Grundschulpädagogik und Grundschuldidaktik. Bad Heilbrunn/Obb. 229–233.

Müller, K. (2005a): Unterrichtsqualität als Bedingungsfaktor von Schüler- und Schulerinnenleistungen. In: Götz, M. & Nießeler, A. (Hrsg.): Leistung fordern – Förderung leisten. Donauwörth. 21–37.

Müller, K. (2005b): Zeugnisbestimmungen in den Bundesländern. In: Götz, M. & Nießeler, A. (Hrsg.): Leistung fordern – Förderung leisten. Donauwörth. 93–101.

Neuhaus-Siemon, E. (2000): Reform der Grundschule. 5. Aufl. Bad Heilbrunn.

Nießeler, A. (2004): Bildung und Leistung. In: Bayerische Schule 57, 9, 15–18.

Nießeler, A. (2005): Leistung – Bildung – Muße. In: Götz, M. & Nießeler, A. (Hrsg.): Leistung fordern – Förderung leisten. Donauwörth, 8–20.

Nietzsche, F. (2009): Sämtliche Werke. 3. Aufl. München.

Oelkers, J. & Krichbaum, G. (1998): Muss es eine vergleichende Leistungsbeurteilung geben? In: Grundschule 1/1998. 48–50.

Olechowski, R. & Persy, E. (1986): Fördernde Leistungsbeurteilung. Wien/München.

Pensenbuch der Montessori-Schule Würzburg, Schuljahr 1998/99.

Prenzel, M. (2000): Wir benötigen eine neue Lernkultur! In: Grewing, G. (Hrsg.): Schule und Leistung. Bonn. 50–60.

Reble, A. (1975): Geschichte der Pädagogik. 12. Aufl. Stuttgart.

Rehle, C. & Thoma, P. (2003): Einführung in grundschulpädagogisches Denken. Donauwörth.

Rheinberg, F. (2004): Motivation. 5. Aufl. Stuttgart.

Ricken, G. (2006): Lernprozessdiagnostik. In: Arnold, K.-H., Sandfuchs, U. & Wiechmann, J. (Hrsg.): Handbuch Unterricht. Bad Heilbrunn. 639–643.

Rousseau, J.-J. (1995): Emile oder Über die Erziehung. 12. Aufl. Paderborn u. a.

Rumpf, H. (1985): Die Bibel der Verschulung. Ein Rückblick auf das Gutachten des Deutschen Bildungsrates 1968. In: Kursbuch, 80, 119–128.

Sacher, W. (2001): Leistung und Leistungserziehung. In: Einsiedler, W. u. a. (Hrsg.): Handbuch der Grundschulpädagogik und Grundschuldidaktik. Bad Heilbrunn/Obb. 218–229.

Sacher, W. (2003): Schulleistungsdiagnose – pädagogisch oder nach dem Modell PISA? In: Pädagogische Rundschau, 57, 399–417.

Sacher W. (2005): Überprüfung und Beurteilung von Schülerleistungen. In: Apel, H. J. & Sacher, W. (Hrsg.): Studienbuch Schulpädagogik. Bad Heilbrunn/Obb.

Sacher, W. (2009): Leistungen entwickeln, überprüfen und bewerten. 5. überarbeitete und erweiterte Aufl. Bad Heilbrunn.

Sacher, W. (2011): Leistung und Leistungserziehung in der Grundschule. In: Einsiedler, W., Götz, M., Hartinger, A., Heinzel, F., Kahlert J. & Sandfuchs, U. (Hrsg.): Handbuch Grundschulpädagogik und Grundschuldidaktik. Bad Heilbrunn. 273–280.

Schorch, G. (2007): Studienbuch Grundschulpädagogik. Die Grundschule als Bildungsinstitution und pädagogisches Handlungsfeld. 3., überarbeitete und erweiterte Aufl. Bad Heilbrunn.

Schröder, H. (1991): Leistung in der Schule. München.

Speck-Hamdan, A., Kahlert, J. & Inckemann, E. (Hrsg.) (2000): Grundschule: Sich lernen leisten. Theorie und Praxis. Neuwied.

Treml, A. & Becker, N. (2006): Lernen. In: Krüger, H.-H. & Helsper, W. (Hrsg.): Einführung in Grundbegriffe und Grundfragen der Erziehungswissenschaft. 7. Aufl. Opladen und Farmington Hills. 103–114

Ulbricht, H. (1993): Wortgutachten auf dem Prüfstand. Münster/New York.

Ulich, K. (2001): Einführung in die Sozialpsychologie. Weinheim und Basel.

Valtin, R. & Schmude, C. (2002): Wofür braucht man ein Zeugnis? In: Valtin, R. (Hrsg.): Was ist ein gutes Zeugnis? Noten und verbale Gutachten auf dem Prüfstand. Weinheim/München. 17–26.

Vierlinger, R. (1999): Leistung spricht für sich selbst. Heinsberg.

Weber, M. (1934): Die protestantische Ethik und der Geist des Kapitalismus. Tübingen: Sonderdruck.

Winter, F. (Hrsg.) (2010): Eine neue Lernkultur braucht einen anderen Umgang mit den Schülerleistungen. Baltmannsweiler.

Winter, F. (2003): Auf dem Weg zu einer Feedback-Kultur im Klassenzimmer. In: Lernende Schule, 21, 11–13.

Winter, F. (2004): Leistungsbewertung. Hohengehren.

Wulf, Ch. (2001): Einführung in die Anthropologie der Erziehung. Weinheim und Basel.

Zinnecker, J. (1975): Der heimliche Lehrplan. Weinheim.

Zumhasch, C. (2011): Schulleistungsbeurteilung: Leistung feststellen und bewerten. In: Einsiedler, W., Götz, M., Hartinger, A., Heinzel, F., Kahlert J. & Sandfuchs, U. (Hrsg.): Handbuch Grundschulpädagogik und Grundschuldidaktik. Bad Heilbrunn. 288–296.

Internetquellen

http://www.deutscher-lernatlas.de vom 04. 01. 2012 (zit. als deutscher-lernatlas 2012)

http://www.uni-landau.de/vera vom 04. 01. 2012 (zit. als uni-landau/vera 2012)

http://www.4teachers.de vom 15. 04. 2012 (zit. als 4teachers 2012)

http://www.schulministerium.nrw.de vom 20. 04. 2012 (zit. als schulministerium. nrw 2012)

http://www.stmuk.bayern.de vom 29. 04. 2012 (zit. als stmuk.bayern 2012)

http://vs-material.wegerer.at/diverses/Lernziele/lernzielkatalog3kl-dd.doc vom 13. 04. 2012 (zit. als vs-material.wegerer.at/diverses/Lernziele/lernzielkatalog3kl-dd.doc)

http://www.eu-bildungspolitik/archiv vom 12. 05. 2012 (zit. als Eurypedia 2012)